名师名校名校长

凝聚名师共识
回应名师关怀
打造名师品牌
培育名师群体

张民选题写

诗意课堂

问题导向下的高中语文项目式学习课堂教学实施与策略

刘红·著

中国出版集团　现代出版社

图书在版编目（CIP）数据

诗意课堂：问题导向下的高中语文项目式学习课堂
教学实施与策略 / 刘红著. — 北京：现代出版社，
2023.5

ISBN 978-7-5231-0294-7

Ⅰ.①诗… Ⅱ.①刘… Ⅲ.①中学语文课—课堂教学
—教学研究—高中 Ⅳ.①G633.302

中国国家版本馆CIP数据核字（2023）第073983号

诗意课堂：问题导向下的高中语文项目式学习课堂教学实施与策略

作　　者	刘　红	
责任编辑	李　昂	
出版发行	现代出版社	
地　　址	北京市安定门外安华里504号	
邮政编码	100011	
电　　话	010-64267325　64245264	
网　　址	www.1980xd.com	
印　　制	北京政采印刷服务有限公司	
开　　本	710mm×1000mm　1/16	
印　　张	9	
字　　数	144千字	
版　　次	2023年5月第1版　　2023年5月第1次印刷	
书　　号	ISBN 978-7-5231-0294-7	
定　　价	58.00元	

目 录

第五章　问题导向下的项目式课堂教学实施

第一章 "三新"视域下的课堂教学改革

教育部发布的《中国高考评价体系》特别强调"高考'立德树人、服务选才、引导教学'的核心功能",重视"培养什么人、怎样培养人、为谁培养人"这一根本问题。在"培养什么样的人"中,其明确指高考考查的内容为"核心价值、学科素养、关键能力、必备知识"。要达到育人目的,提升学生的语文学科素养和人文素养,扩大学生的阅读面,增加学生的阅读量,提高学生的写作能力和审美鉴赏能力,语文学科的课堂教学方式与教学形态都要进行改变,即重视问题导向、活动体验、情境感受,遵循学生的认知规律,让学生在语文学习中既具有浓厚的情趣,激活学习兴趣,产生内驱力,自主地思考与研究,又具有深刻的理趣,可以自行对学习进行整理与归纳,形成学习路径、理论与哲理,有自己独特的观点与思想。

《普通高中语文课程标准(2017年版2020年修订)》中强调语文课程的综合性、实践性、工具性与人文性,重视"加强实践性,促进学生语文学习方式的转变""注重时代,构建开放、多样、有序的语文课程"。这就要求语文教师转变思维观念,让语文课堂教学有律动、有诗意、有生命。以前我特别喜欢文学类文本,一看到文学类单元就特别的兴奋,备课很认真,全方位地搜索相关资料,总想把自己对小说、散文、戏剧的理解与体悟毫无保留地教给学生,让学生看到我深度阅读的思维路径,感知我的观点与思考。这时,课堂是教师的,展示是教师的,讲得有声有色的也是教师。教师忽视了学生听的感受、学的效果。课堂上看不到学生思考的智慧、思维的律动、同学之间思想的碰撞。课堂如无风的海面,平静得没有生气,让人困乏,让人失去学习的激情。这种现象存在的原因在于学生没有参与、没有思考。要切实培养学生的学科素养和人文素养，语文课堂要改变以前的课堂教学形态，要重视用问题激活学生的思维，驱动学生自学和探究，用活动激起学生的参与热情，通过实践体验推动学生自行修正学习方法和策略，以达到王国维在《人间词话》中所说的三境界："昨夜西风凋碧树，独上高楼，望尽天涯路。""衣带渐宽终不悔，为伊消得人憔悴。""众里寻他千百度，蓦然回首，那人却在，灯火阑珊处。"

高中语文统编版新教材，是按专题+单元任务、专题研习+单元任务形式编排的。新教材重视群文阅读、整本书阅读、单元主题教学。这就意味着课堂教学需要教师变革教与学的方式。新教材深受语文教师的喜爱，它的编写特色、18个任务群，激起了教师教学研究的兴趣，引导教师对语文各种类型的课堂教学进行探究。促进教师对学生阅读与写作状况调查分析的重视，对单元引导语的分析解读，单元任务的思考与运用，学科大概念的理解，单元教学主题的设置，群文阅读材料的取用，引领教师精心设计问题、任务群，依据核心问题、单元主题、微专题来创设情境、活动，让教师在真实情境中进行语文课堂教学，引导学生自主学习、合作交流、深度研究，强调学生的自主性、主动性和创新性。美国教育专家丹尼尔·平克也提出，"我们的天性是自主，倾向于自我管理""把孩子变成老师"。孩子本身有自主的天性，语文课堂教学要调动起学生的自主性，采取灵活的方式让学生动起来，参与到教学中，教与学互动，引导学生质疑，打开思考之门。同时，丹尼尔·平克提出："想进行脑力挑战的渴望越强烈，也就是说想掌握一些新东西或者有意思的东西的要求越迫切，生产力就越强。"同样，我们语文课堂教学既要让学生有强烈的渴求新知识的欲望，又应该有问题驱动、情境、活动体验和成果分享，才能使学生的学习有面的广度与点的深度。

一、诗意课堂，问题导向下的项目式学习课堂教学

（一）提出的背景

19世纪德国浪漫派诗人荷尔德林说："人，诗意地栖居。"苏联杰出教育家、作家马卡连柯说："教育是诗一样的事业。"我国语文教育大家顾黄初先

生说："语文这个工具,作为信息的载体,它在实际运用中总是承载着人们所要表达的情、意、理、趣的。"中国又是诗的大国,所以在信息技术2.0时代,在课堂教学改革大潮中,语文课堂更应该是诗意的课堂、思维的课堂、智慧的课堂。

1. 时代的要求

教育部发布的《中国高考评价体系》突出了对学生"思维认知能力"的要求和考核。所谓"思维认知能力",是指运用严谨的理性思维和丰富的感性思维,在发现新问题、运用新方法、解决新问题、获得新结论的过程中表现出来的思维能力。诗意课堂,问题导向下的项目式学习课堂教学,符合时代的要求,遵循诗歌的逻辑严谨性,捕捉问题的敏锐性,解决问题的实效性特点,能够有效地激发学生的内驱力,培养学生的思维品质。

2. 高中新课程标准的要求

《普通高中语文课程标准(2017年版2020年修订)》指出:"引导学生在语言文字运用的过程中发现问题,培养探究意识和发现问题的敏感性、探求性。""教师的主要任务是提出专题学习目标,组织学习活动,引导学生深入思考、讨论和交流。""教师应提供阅读策略指导,适时组织经验分享和成果交流活动。""要有足够的课时保证学生独立自主阅读,设计促进学生个性化体验的阅读活动。"诗意课堂,问题导向下的项目式学习课堂教学,符合高中新课程标准和高考评价体系的需求,突出培养学生"思维认知能力"和"积极利用信息技术以及身边的各种资源和机会"的要求,推行启发式、探究式、合作式的阅读活动教学方式,培养学生的研究能力和思维品质。

3. 教育培养学生学科素养的要求

中共中央、国务院印发的《中国教育现代化2035》指出,"明确学生发展核心素养要求""落实立德树人根本任务""以培养全面发展的人为核心,增强学生社会责任感、创新精神和实践能力为重点"。诗意课堂,问题导向下的项目式学习课堂教学,符合时代培养人的需求,通过任务、活动、情境激发学生的学习激情,培养学生的合作探究能力、创新能力和研究能力,提高学生的思维品质和审美鉴赏能力,有效地培养学生的核心素养,落实立德树人根本任务，增强社会责任感、创新精神和实践能力。

（二）特点

诗意，从内容角度看，要像诗歌一样富有哲理，蕴含深刻的意蕴；从形式角度看，要能够如诗歌般运用各种艺术技巧，有独特的视角，调动各种感官，参与体验，感受体悟，精彩纷呈；从审美角度看，要有诗歌的浓厚情感，激情与深刻同在，富有情趣、韵味。诗意课堂是一种课堂形式，一种灵动的、诗意的、有情趣与内涵的、富有生命力的语文课堂形式，体现新课标的要求。《普通高中语文课程标准（2017年版2020年修订）》明确指出："通过改革，让学生多经历、体验各类启示性、陶冶性的语文学习活动，逐渐实现多方面要素的综合与内化，养成现代社会所需要的思想品质、精神面貌和行为方式。""语文教育必须同时促进学生思维能力的发展与思维品质的提升；语文教育也是提高审美素养的重要途径，要让学生在语言文字运用的学习中受到美的熏陶，培养自觉的审美意识和高尚的审美情趣，培养审美感知和创造表现。"

诗意课堂，问题导向下的项目式学习课堂教学，遵循学生的认知规律，依托专题或微专题+任务群、专题研习+任务群进行深度学习，以学案为载体，以信息技术融入语文学科教学为特色，以学科大概念为核心，以项目式为主线，以小组自主学习、交流探讨、合作探究为途径，以活动、情境为驱动，以自行建构知识体系和学习策略为目的，以学习研究分享为提升。

项目式学习是引导学生深度学习的一种学习研究活动模式。这种课堂教学模式重视学生的主体性、能动性、实践性、创新性、知识的迁移性，强调培养学生自主学习、深度研究、小组合作探究的能力，是提升学生学科素养和人文素养的有效途径，真正实现了"让思维看得见，让学习真发生，让课堂更高效"的目标。

项目式学习的内涵：围绕一个核心问题，以任务为驱动，以任务群为导向，以学案为载体，以信息技术为特色，促进学生形成自主搜索相关资料的能力，以学生为主体，以自主学习、小组合作交流、展示为路径，以灵活多样的形式设置活动，以复杂的情境撬动思维，通过开展多种形式的探究活动提升学生在复杂情境中解决问题的能力，让学生在体验感受中自行建构方法策略，读写结合，灵活创新，运用多种形式展示学习研究成果，并进行多元性评价。

项目式学习的特征：一是问题的驱动性。根据单元导语确定学科大概念，在学科大概念下设定核心问题，围绕核心问题设计逻辑严谨的任务群，促进学生以问题引导学习，在任务思维链中进行自主学习、小组合作探究，提升自学能力、合作能力、研究能力。二是知识的整合性。不管是专题阅读、整本书阅读、微专题阅读、1+X阅读，还是专题研习，都涉及了知识的整合，只有整合知识才能打通篇章，进行深度学习。三是活动的实践性。重视语文的生活性，学生的实践性，让学生动起来，发现生活，懂得生活，热爱生活，借助知识储备和生活经验，参与情境活动中，感受体验，使学生的意念与思想得到交流，让学生学会在复杂情境中解决问题。四是思维的发展与创新性。项目式学习强调点的深度和面的广度，训练学生的感性思维与理性思维，进行思辨性阅读、思辨性写作，多思、多想、多说、多辨，在研究中学习与创新，培养良好的思维品质。

（三）理论性思考

1.高中学生学习现状

在新课标、新高考、新教材的"三新"视域下，课程的改革，结构的变化，人文主题+任务群，专题研习+任务群，专题学习，微专题学习，专题研习，这些课程和学习方式的变化，新的视角，新的知识整合方式，对学生来说都是挑战。《普通高中语文课程标准（2017年版2020年修订）》《中国高考评价体系》对学生知识面的宽度和广度、思辨能力、思维品质都有很高的要求。高中学生学习任务重，各学科的知识内容难度大，学习时间紧，每天从早读到晚修时间都有安排。在高强度的学习中，学生认知过程的持久性、耐性、执行力、专注度都会出现不稳定状态，因此在学习中容易出现浅尝辄止的现象。

高中学生的阅读状态为阅读速度慢，缺乏阅读思考，没有养成合作探究的习惯，缺乏深入研究、思考研究的任务情境。此外，学生阅读没有养成深入体悟的习惯，常常认为没有时间阅读，同时，忽视文学的力量，从而无法用阅读来构建健康的人生态度。

高中学生的写作状态：很多学生在写作中存在问题，如对作文材料难以准确解读，不能运用阅读文章的能力来阅读作文材料，难以准确概括材料各层的内容，抓不住关键词，厘不清关键词之间的关系，从材料中难以看清蕴含其中的价值观，读不出论证思路，提炼不出有启迪性的观点，在论证过程中，难以客观地多角度地一分为二地看问题，思辨性地分析问题、解决问题，文章结构层次不够严谨。这些因素都亟待语文课堂教学结合学生实际状态进行改革。

2. 遵循学生的认知规律

学生对事物的认知会经历由感性到理性、由情趣到理趣、由简单到复杂、由散乱到规范、由浅显到深刻、由生活到理论的过程。在遵循这些规律的前提下，我们要完成把教材内容转化成学科知识和素养的任务。因此，出导学案时任务群的设置，要由浅入深，有层次性、递进性、延伸性、生成性，以学案引导学生自主学习，提升学生的自学能力。学生喜欢凭兴趣学习，对于有趣味的课程、有趣味的课堂、有趣味的老师、有趣味的活动、有趣味的分享，学生学习时会很有激情，注意力会高度集中，愿意主动思考问题，和同学交流，合作探究，深入研究，学习效率会明显提高，而且记忆时间长。因此，我们的课堂教学要重视根据教材进行活动的创设、情境的设置、成果的分享、多元性的评价，有效地提高教学质量，培养学生的学科素养和人文素养。

3. 问题导向性

新课标指出："学习任务群以自主、合作、探究性学习为主要学习方式，凸显学生学习语文的根本途径。这些学习任务群追求语言、知识、技能、思想情感、文化修养等多方面、多层次目标发展的综合效应，而不是学科知识逐'点'解析、学科技能逐项训练的简单线性排列和连接。学习任务群的设计，旨在引领高中语文教学的改革，力求改变教师大量讲解分析的教学模式。""语文学习任务群以任务为导向，以学习项目为载体，整合学习情境、学习内容、学习方法和学习资源，引导学生在运用语言的过程中提升语文素养。"

诗意课堂的问题导向性，是指把问题转化成任务，以任务驱动学生进行学习与研究。学习任务群起到有效地引导学生自学的作用，促使学生上网搜索相关信息，全面解读文章，梳理文章脉络，把握人物形象，多角度理解文章主旨，品味文章语言，体悟文章行文思路；学习任务群起到促进学生深入研究的作用，通过专题、微专题、专题研习，用问题打通篇章，激发学生的学习兴趣，并将此转化为研究驱动力，拓宽视角，横向拓展，纵向挖掘，使学习研究有点的深度和面的广度，从而提升学生的研究能力，以达到深度学习的目的。所以要重视学习任务群的精心设置，通过任务驱动培养学生分析问题、解决问题的能力，提升学生的思维品质。

4. 建构方法与策略

诗意课堂，杜绝满堂灌、填鸭式教学，重视调动学生学习的兴趣与积极性，通过生生互动、师生互动，让学生从个体独自学习转变为喜欢和其他同学讨论学习，从浅层学习转变为深度学习。以学生为主体、教师为主导，通过启发式、激励式、参与式、互动式、讨论式、探究式等教学方式，培养学生的自主学习能力和研究能力。教师在教学中要坚持做到"四五法则"。"四法则"，指学生能搜索到相关的信息不讲，学生自主学习能解决的问题不讲，学生合作交流讨论后能解决的问题不讲，学生合作探究或深入研究后能解决的问题不讲；"五法则"，指学生自主学习不能解决的有共性的问题要讲，学生交流讨论后没有办法读懂的要讲，学生深入探究后没有办法解决的问题要讲，学生的学习研究成果要分享，对学生的学习成果要多元化评价。

建构学习方法与策略的前提条件是，要通过设置富有生命力的任务引领学生自主学习，促进学生合作交流，共同研究探讨，提升研究能力；创设与学习相关的活动，让学生动起来，参与活动，在活动中感受、体验，调动生活经验、知识储备进行学习理解；结合时代和生活创设情境，培养学生在复杂情境中分析问题、解决问题的能力，让语文生活化、诗意化，提升学生逻辑思维能力。让学生在活动体验中自行建构学习、阅读、写作的方法与策略。

二、渗透意识形态、凸显人文思辨的高考试题

在2021年全国语文新高考Ⅰ卷中，试题稳中有变、平中见奇、奇中现智。

其题型比例配置与2020年新高考山东卷大体相同，全卷共23题，其中选择题12题共36分，主观题54分，默写6分，作文60分。考查内容遵循《普通高中语文课程标准（2017年版2020年修订）》和《中国高考评价体系》的要求，渗透意识形态，凸显人文思辨，体现育人性和思维品质，重视正向的价值导向，正确的价值观、人生观。党史入题，重视立德树人、高尚的审美情趣和思维品位，培养社会主义核心价值观，以及学科素养与核心素养。题目深入生活，反映时代特色，符合语文高考的总要求——"真实反映学生语文核心素养的现有水平"，重点考查学生的探究能力、解决情境中各种问题的能力、逻辑能力、思维品质、鉴赏审美能力，对学生的阅读理解、信息整理、语言表达、辩证思维、批判性思维等关键能力进行综合考查，凸显语文学科素养。

"微调"中体现命题者的思考与智慧，考点增多，综合性增强，现代文阅读Ⅰ文体上发生了变化，选取了朱光潜、林庚和钱锺书的文艺评论，给学生全新的视角，紧扣新课标、新教材，体现新高考。人教版教材，必修五第三单元朱光潜的《咬文嚼字》、林庚的《说"木叶"》、钱锺书的《谈中国诗》三篇文艺评论，统编版教材必修下册第三单元也选用了林庚的《说"木叶"》。试题与教材的共同目的在于发展学生的科学思维，培养科学精神。

现代文阅读Ⅱ，从试题形式到选材上都给人以全新的视角和耳目一新之感，吸引了语文人的眼光，"满眼生机转化钧，天工人巧日争新"。试题选取了卞之琳的小说《石门阵》，小说用故事套故事的方式，以轻松的语言表达抗日必胜的信心。选材体现新课标的中国革命传统作品研习要求，"深入体会革命志士以及广大群众为民族解放事业英勇奋斗、百折不挠的革命精神和革命人格"。命题紧扣语文的文学性、知识性、文化性等特性命题，阅读文本字数与八省联考相当，题目难度加大，且设问灵活，强调读懂题目，紧扣情境，深度解读文本，读懂读透，加强对学生语文能力的综合考查，具有较高的区分度和信度。

文言文阅读选材也出现新意，文本节选自《通鉴纪事本末·贞观君臣论治》，一反往年惯用的选材选用人物传记的做法。选材文体与必修下册第八单元的《谏太宗十思疏》《答司马谏议书》相合，都是围绕"倾听理性的声音"

这一核心任务。第八单元的单元目标中要求"注意领会作者观点及其现实针对性，把握其解决现实问题的理性思维方式，鉴赏文章的说理艺术，学会在辩证分析与合理推理的基础上进行理性判断，养成大胆质疑、缜密推断的批判思维习惯"。文段以人物对话为主，带有很强的政论性，这给学生以新的思考和挑战。考题结构为三道客观题、两道翻译题、一道主观题。命题重视以文释言，以言析文，根据上下文语意进行推断，读懂文本，厘清脉络，概括事件，重视直译，要求学生对中国传统文化的相关作品有一定的阅读量，懂得《资治通鉴》的创作目的。

诗歌阅读鉴赏，以诗化人，教考相衔，立德树人，对标新课程标准，紧扣教材。选材取自杨巨源的《寄江州白司马》，题目结构为一道客观题、一道主观题。命题要求学生深度解读诗歌，涵养审美素养。命题视角灵活独特，考查学生迁移拓展能力、比较分析能力、审美鉴赏能力，引导学生在面对人生困难时能积极乐观地应对，树立正确的人生观、价值观。

（一）题材视角独特，涵养思维品质

2021年全国语文新高考Ⅰ卷实用类阅读选文是两则文艺评论，群文阅读的形式和2020年全国语文新高考Ⅰ卷山东卷、八省联考的非连续性文本组合的形式一致，考查新课标要求学生的群文阅读能力。考题有三道客观题、两道主观题，考查学生的基础知识、必备能力和思辨能力。在基础知识方面，考查了对句子、语段的语意解读与理解，文艺评论的文体特点；在必备能力方面，考查提炼、概括、推理的能力；对思辨能力的考查重点放在文章观点、论证思维、文艺评论文本的文体特征。

文本一还插入了《拉奥孔》的雕塑图片，这使全卷增强了美感，同时又能激起学生的阅读兴趣，让考生获得一种审美熏陶。

1. 作家高尚品行引领学生立德树人

选文的作者都是具有美好情怀、高尚品行、精湛学术的文艺理论家，他们的品行修养引领学生立德树人、积极奋斗、广博学识、精湛技艺。

朱光潜，1897年出生，百年前正是青年，亲历祖国的风风雨雨，是当代颇负盛名并享誉国际的美学家、文艺理论家、教育家和翻译家。他以自己深湛的研究沟通了西方美学和中国传统美学，沟通了旧的唯心主义美学和马克思主义美学，沟通了五四运动以来的中国现代美学和当代美学。他是中国美学史上一座横跨古今、沟通中外的"桥梁"。他的三句座右铭："恒、恬、诚、勇"，确立做人求学之志；"走抵抗力量最大的路"，揭示对于理想和事业的抉择；"此身、此时、此地"，即对自己明确具体的要求。他高深的学识、深厚的修养、高尚的品行值得每个学生学习。

钱锺书，1910年出生，百年前也正是青年，一生淡泊名利，只求用心做学问，深耕文学，精通多种语言，能背诵无数的诗词和文献，经史子集信手拈来。他学富五车、才高八斗，被誉为"博学鸿儒""文化昆仑"。钱锺书还是个幽默大师，他健谈善辩、口若悬河、舌灿莲花、隽思妙语，大有孟子、韩愈遗风。钱锺书先生的高尚情怀和学术造诣是学生学习的榜样。

2. 基础知识必备能力并行，科学精神思辨能力同在

人教版必修五第三单元文艺评论的单元目标是：发展科学思维，培养科学精神，把握关键概念，理清文章思路，分析作者阐释说明、逻辑推理的方法。2021年全国语文新高考Ⅰ卷现代文阅读Ⅰ正是考查了这方面的能力，紧扣教材学科素养。

（1）客观题

第1题，主要考查理解和分析文中重要信息的能力。要求考生能够准确解读原文，具备解读的能力。A选项，材料一原文开头说"从前人们相信诗画同质，直到莱辛才提出丰富的例证，用动人的雄辩，说明诗画并不同质"，但并没有作出判断"莱辛是历史上质疑'诗画同质'观念的第一人"。这是犯了强加结论或无中生有的错。B选项，材料一"在雕像中他的面孔只表现一种轻微的叹息"与B选项的"呈现了拉奥孔被缠绞的表情"，语意是相吻合的，后半部分内容和原文相符。这一选项考查学生换一种陈述方式，能否判断其语意相同的能力。C选项，对材料一原文事例进行分类和概括，原文是从"拉奥孔的表情，大蛇缠身的部位，人物穿衣与否"三个方面对雕塑和史诗进行比较，和C选项理解相同。D选项，是对文内逻辑关系的判断分析能力的考查，D选项"由于诗和画拥有不同的媒介和符号，所以形成了各擅胜场的题材范围"与材料一"画只宜于描写静物,诗只宜于叙述动作""图画叙述动作时,必化动为静,以一静面表现动作的全过程;诗描写静物时,亦必化静为动,以时间上的承续暗示空间中的绵延"相吻合。

第2题,考查学生筛选整合文中信息以及推理判断的能力。A选项,材料一"即使是高明的绘画也不如诗歌来得生动和明白"。文中没有这个推断,属于无中生有。B选项,材料一表明图画也可以叙述动作,但是要化动为静,所以选项"后人根据画作是推想不出所画对象动作的过程的"这个推论是错误的。C选项是借用中国诗句来解读观点,材料一提出"图画叙述动作时,必化动为静,以一静面表现动作的全过程;诗描写静物时,亦必化静为动,以时间上的承续暗示空间中的绵延"。借用文外中国诗句现象来解读文中观点,"红杏枝头春意闹""春风又绿江南岸""两山排闼送青来"就属于化静为动,以动作来描绘景致。D选项中"沈括质疑了唐代传说,从这个例子可判断,后人关于王维'诗中有画,画中有诗'的说法其实没有道理"。材料二沈括质疑唐代传说的事例,是为了说明绘画雕塑只能表现一个时刻的场景,跟"诗中有画,画中有诗"的说法没有关系。这是对事例用来论证哪一个观点的判断。

第3题,考查学生概括观点、推理判断的能力。首先要准确理解"诗画异质"这个观点——莱辛认为图画是描写静物,诗歌是描写动作,二者拥有不同的媒介和符号。然后再分析哪个选项最能支持莱辛的观点。A选项只是说明了入画之诗非常少;B选项中"二者同趣"不能支持莱辛的观点;C选项中"诗和画的圆满结合",是在说二者的结合,并不能支持诗画不同的观点;D选项,"画爱神向一个人张弓瞄准"表现时间上的静止的某一点,"一个人怎样被爱神之箭射中"是一个过程,是动态的,正好支持"诗画异质"的观点。

(2)主观题

主观题重在考查论述类文本的论证思路和用文内观点解读文外文化现象的能力,既灵活了提问的视角,又强调了基础知识和必备能力,体现语文素养的综合性和整体性。主观题有两道题,分值分别为4分、6分。第4题:"请简要分析材料一和材料二的论证思路。"第5题:"康诗有'目送归鸿,手挥五弦'一句，顾恺之说画'手挥五弦易，目送归鸿难'。请结合材料，谈谈你对此的理解。"这两道主观题都要求学生读懂读透文本，才能准确应答。

学生阅读完文本后，可以在头脑中以思维导图的形式呈现两个文本的论证思路，以图的方式（见图1-1、图1-2），化繁为简、化难为易、化模糊为清晰，然后用文字术语分条陈述作答。

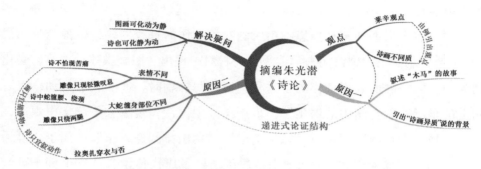

图1-1　材料一摘编朱光潜《诗论》思维导图

图1-2　材料二摘编钱锺书《读〈拉奥孔〉》思维导图

第5题是文诗阅读，用文艺理论的观点来解释诗歌现象。题目视角独特，紧扣新课标、新教材、新高考。把对诗歌的解读与文艺理论的主旨理解相结合，重点考查学生对诗歌准确解读的必备能力、对文本主旨概括的能力、用文本观点解读诗歌现象的运用能力，体现了严谨的逻辑思维。

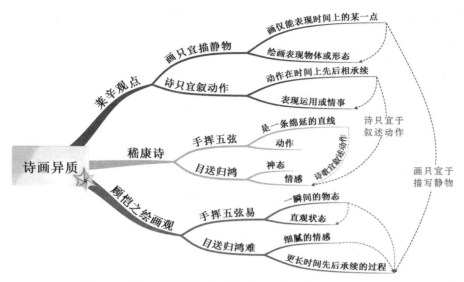

图1-3 以诗画异质观解读稽康诗、顾恺之绘画观的思维导图

(二)中国革命传统文学入题，浸润文化厚植爱国情怀

现代文阅读Ⅱ，文学类文本试题是整份语文试题中的一个重点题型，其分值占比高，是一个重要的组成部分。2021年的文学类阅读鉴赏，有两道客观题、两道主观题，总分16分。试题结构和难度基本与2021年的八省联考相当，但2021年新高考Ⅰ卷的文学类阅读更注重情境性，重视情境题的设置，情境中答题，紧扣新课标强调的内容："培养学生学会在复杂情境中分析问题、解决问题的能力。""进一步认识中国革命、建设和改革历程，加深对中国革命传统的认识和理解，激发热爱中国共产党、热爱社会主义祖国的情感，进一步提升研究性学习的能力。"贴紧了统编教材的核心素养和学习任务，要求学生具有深度阅读的能力，厚植爱国情怀。试题考查了学生对阅读的理解分析综合、鉴赏、评价和探究四种能力，强化了对审美鉴赏和审美评价的考查。可见，试题重视基础，凸显应用，紧扣能力，体现基础性、综合性、应用性、创新性，关涉语言、思想、审美、文化等方面的核心素养。

在选材上体现了独特性、时代性、民族性和党史入题的特点。选取了中国现当代诗人卞之琳的短篇小说《石门阵》，渗透对红色主题的传承，引导学生体会抗日战争时期，中国共产党一心为人民谋幸福、为民族复兴而奋斗的精神，厚植爱国情怀，引领学生立德树人。小说以大量对话展开木匠讲石门阵的精彩故事，以故事套故事的结构呈现，要求学生进入作品情境阅读文本、解读作品，产生情感共鸣，达到深度阅读（见图1-4）。试题以独特的视角，引导学生突破传统阅读惯性，进入作品情境，与作品产生情感共鸣。文学类阅读坚持"解题能力、文本个性化分析能力"相结合的考查形式，有利于学生在掌握必备知识的基础上，形成真正意义上的阅读审美鉴赏能力，体现意识形态，增强文化自信，文化传承与理解，学科素养和实用价值，科学与人文并举，精致与厚重共存。

深度阅读，读懂读透文本很重要，理清小说的故事情节，准确解读主题与技巧。

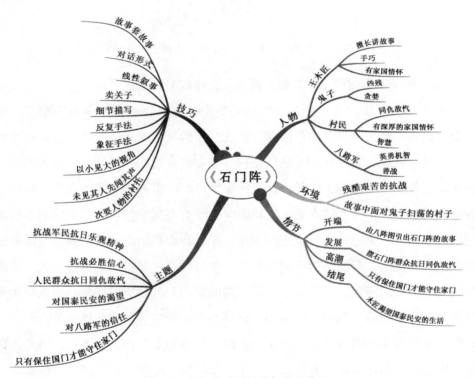

图1-4　卞之琳《石门阵》思维导图

1. 时代性与民族性

习近平总书记强调："文化自信，是更基础、更广泛、更深厚的自信，是更基本、更深沉、更持久的力量。""坚定文化自信，是事关国运兴衰、事关文化安全、事关民族精神独立性的大问题。"

卞之琳，中国现当代诗人（"汉园三诗人"之一）、文学评论家、翻译家，被公认为新文化运动中重要的诗歌流派新月派和现代派的代表诗人。1938年，他与何其芳以及沙汀夫妇一起，从成都出发前往延安，从此正式开始了他的小说创作。在访问延安期间，卞之琳创作了《红裤子》《石门阵》，回到大后方后创作了《一、二、三》和《一元银币》。"皖南事变"发生后，卞之琳放弃了诗歌创作，开始写一些战地小说，在全民抗战的艰苦年代，小说起着更大的影响作用。

在《石门阵》中，作者通过小人物的视角，表现中国人民抗战必胜的信念。这种乐观和信心淡化了战争的残酷性，更好地体现了在中国共产党的领导下，中国人民同仇敌忾、机智勇敢、共同抗敌的精神面貌。同时，体现了中国共产党为解救百姓、为民族复兴而奋斗的精神。小说将立德树人灵活地融合于语文素养和能力考查之中，引导学生传承中国革命传统文化，增强文化自信，坚定理想信念，实现人生价值。选材命题紧扣时代主题，2021年是中国共产党建党100周年，也是"两个一百年"奋斗目标的历史交会点。

2. 文化性与审美性

文化性。小说写一名叫王生枝的木匠，在村民面前讲面对鬼子扫荡，村民机智地用石门阵对付鬼子的故事。他讲得有声有色、妙趣横生、扣人心弦，残酷、艰苦的抗战，在王木匠嘴里成了小品一样的故事，表达了中国人民抗战必胜的信心和乐观主义精神。主题有正向导向性，有利于增强文化自信、道路自信，坚持中国共产党的领导、中国特色社会主义道路，引领学生继承中国革命传统文化，做一个为中华民族复兴的奋斗者，体现了很强的文化性。

客观题的命题角度匠心独运。第6题为对相关内容的理解，第7题为对小说艺术特色的分析鉴赏，从讲故事的技巧、故事的取材、故事中的鬼子取名来源、故事背景与人物追求的关系、故事的开头技巧、人物描写手法、细节描写等角度命题，提示学生阅读不能停留于表层，要深入思考，体会感受其内在的深远意蕴、深刻情趣，很好地考查了学生的深度阅读、思辨阅读的能力，符合新课标的要求，引领学生进行研究性阅读，构建阅读方法与学习方法的路径。

审美性。两道主观题的命题角度，都考查了学生的阅读审美与鉴赏能力，体现了科学与人文并举、精致与厚重共存。两道主观题从艺术技巧、含义角度命题：第9题"门在不同层面有不同含义"，考查学生深度阅读的能力、捕捉信息的能力、压缩概括的能力、深层解读的能力；第8题，"反复"手法的鉴赏，强调情境，设置王木匠讲故事这个情境，考查学生在情境中解决问题的能力。命题体现文学性与创新性特点，强化学科素养和实用价值。

小说灵活运用多种技巧。一是以小见大，通过小人物的视角展现一个大主题。二是象征手法，门有多层含义，有现实中真实具体的门，抵挡不住日本侵略者；有石门阵故事的石门，挡住了日本侵略者；有要"守住了大门不用关二门"的大门，即国门，体现了群众众志成城把侵略者挡在国门外的信念；还有"处处夜不闭户时代"没有门的无形的门，象征百姓对和平社会、和平生活的向往和期望，语意深远。门的多层含义在2021年新高考Ⅰ卷的第9题主观题中设了题，"小说中多次出现的'门'，在不同层面有不同含义"，命题体现了审美性。三是设置悬念，卖关子，扣人心弦。四是细节的描写暗含玄机。五是未见其人先闻其声的开头，展现王木匠讲故事的技艺高超。六是线性叙事的方法。七是反复的手法。反复手法的效果在2021年新高考Ⅰ卷的第8题主观题中设了题。此题设置很是精巧，要求学生放在"王木匠讲石门阵时"这个情境中解答问题，考查学生对基础知识反复手法的把握和必备能力，以及在复杂情境中解决问题的能力。学生要掌握"反复"的概念，理解反复有直接反复、间接反复，明确反复是根据表达需要，有意让词语或句子重复出现，以达到强调某种意思、突出某种情感的修辞方法。学生要从原文中找到所有运用了反复手法的句子，然后抓住情境，思考王木匠讲故事的时候有哪些效果。讲故事涉及说书者如何吸引听书者，从人物、环境、情节、情感等方面去思考其效果。该命题起到引领教师在教学中重点培养学生的自我探究能力、重视情境的设置和活动的创设的作用。

（三）传承传统文化陶冶道德情操

新课标中提出的要重视中华优秀传统文化材料的选用，阅读古今中外优秀作品，暗合新课标任务群1整本书阅读与研讨、任务群8中华传统文化经典研习。文言文阅读试题认真选择材料、精心设计试题，把考查重点放在考生的语文能力和素养上，考查以文章为基础的疏通性、理解性阅读，字词通达，文意理解、题型技巧、积累、技巧性和2020年新高考Ⅰ卷山东卷、八省联考的形式相符，由2020年全国卷的19分变为20分，翻译题由原来的10分变为8分，增加了一个3分简答题。

本次文言文阅读虽然题型依然是传统的断句、文化常识、翻译等常见题型，但最大变化在于选文节选自《通鉴纪事本末·贞观君臣论治》，打破了多年来全国卷文言文选文均为人物传记的惯例，这是出乎意料的。但考查的方向、考试的导向是一致的。以前全国卷文言文人物传记选取的人物如商鞅、贾谊、苏轼、左光斗和八省联考的霍光等，都符合贤臣良将、品德高尚、才能非凡、忠直爱民的官吏的形象特点。命题在传承传统文化的同时培养学生正确的处世态度、社会价值观、爱国情怀。2021年的全国新高考Ⅰ卷文言文选的是有关唐太宗与封德彝、张玄素、裴矩等几位大臣的治国故事，内容上重视民生、积其德义、强调法治、君明臣直、上下同心的优良传统。命题意图让学生理解、体悟中国传统文化，感受文化经典的独特魅力，更好地传承中国传统文化，丰富民族精神，陶冶道德情操。

主观题的设置也是一大亮点，要求学生有深厚的文学底蕴，对《资治通鉴》的作用要有全面的了解。《资治通鉴》是一部专为皇帝编纂的介绍历代兴亡得失的作品，其创作目的就是告诫君主如何吸取历代教训。本次主观题："文末《资治通鉴》的作者司马光评价说'君者表也，臣者景也'，这句话说的是什么道理？他这样说的目的是什么？"题中司马光的评价源于文中唐太宗三个善于纳谏的故事，说明君王要提升自己的道德和执政水平，上行下效，成为臣子的表率，实现良好的君臣互动。

客观题稳中有变，科学与个性同在，文言文思想内容的阅读理解，读懂是关键。第10题断句题，题目选取的句子规范，学生能够利用所学的方法来帮助断句。第11题文化常识题，"庶务"联系原文上下文语意可以进行准确推断，庶务不是专指朝堂急务，是指国家各种政务，亦指这些事务的经办人员。第12题是对原文有关内容的概括和分析，强调读懂文言，理清文章脉络，明晰选取的事件，能够概括事件，B选项翻译与概括相结合，对原文"安用重法邪"能准确翻译，其意思是用不着重法，从中可见并没有说严刑达不到目的。试题稳中求变，强化基础知识的考查，传承传统文化，提升文化自信、必备品格、关键能力。

（四）以诗化人，教考相衔接

古代诗歌阅读选材杨巨源的《寄江州白司马》，寄赠的对象是我们熟悉的白居易，借白居易的《琵琶行》来解读《寄江州白司马》，考查学生延伸拓展的能力。从《琵琶行》中"江州司马青衫湿"来看，当时白居易是被贬到江州（现在的江西九江），本次的选诗题目告诉我们，这首诗应该和白居易《琵琶行》的写作时间很接近，借所学诗解读试题中的诗，很明显是在考查学生的迁移拓展能力，知识积累的广阔度与深度，以及应用的灵活度，深化基础知识的考查，教考紧密相连，知识能力并举，学与用相融。

诗歌阅读鉴赏客观题考查对诗歌的理解和赏析，有对所学相关联的诗歌背景的考查，有对思想内容、艺术特色的赏析理解能力的考查，考查学生知识积累的广度与知识运用的灵活度。题目不难，命题角度灵活独特，教考相衔接，促使学生深度解读诗歌，提升诗歌鉴赏审美能力。

主观题一道题，6分。"前人论此诗，认为第二句已包含委婉劝告的意思，对这一观点应怎样理解？请简要分析。"这道题有一定的难度，劝告是全诗的主旨，首先要结合《琵琶行》的内容帮助解答，然后结合尾联分析。尾联点明了主旨，直接劝告白居易不要过度沉浸在佛法当中，要相信自己依然可以青云直上，表达前途无量的勉励之意。尾联与第二句相互比较，可以读出第二句委婉劝告的方式和劝告的内容，劝说白居易不要沉迷于宗教，消磨了志气，要对人生充满信心。全诗表达对友人深切的关怀，同时以昂扬乐观的态度鼓励友人切莫消沉，要自信、达观，要始终对仕途充满自信。命题以诗化人，引导学生乐观面对困境，把人生的失意活出诗意，积极上进，树立青云之志。

总之，本次试题特点体现科学与人文、审美与思辨，党史入题、意识形态入卷，遵循了命题规律、更新趋势，要求教师重视有方向的备考，同时考查学生对各类题型的解题能力；选材特色体现了时代性、科学性、人文性；出题方式灵活多样，创新视角，对标新课程标准，紧扣新教材，体现高考评价体系，全面考查学生的六大关键能力，即阅读理解、信息整理、应用写作、语言表达、批判性思维、辩证思维，培养学生的语文素养和核心素养。从不同角度运用不同方式，考查学生的"语言建构与运用""思维发展与提升""审美鉴赏与创造""文化传承与理解"四个方面的学科核心素养。

三、高考文学类阅读试题带来的思考

新课标是理论，理论指导教学实践。新教材是教与学过程中的用书，是实践，实践以课标为原则，紧扣课标要求。新高考是教学效果的考查，命题必须遵循新课标要求，又暗示教学的方式、需培养的能力、人文素养和学科素养。"三新"强调教学要重视教考学的一体化。

（一）耕读深品，掘深读透

新课程标准颁布以后，取消了高考考试大纲。高考试题根据新课程标准命题，新课程标准指导教师使用新教材和进行教学。教师的教学严格按照新课程标准的要求进行，同时应该认真分析高考试题，琢磨高考试题是怎样体现新课程标准的，又是从新课程标准的哪个角度命题的，从新教材的哪个知识文化层面考查学生能力与素养的。教师要认真反复研究高考试题，从高考试题中读出命题导向、命题思路、命题思想、命题形式，考查学生的能力层级，清楚试题如何考查学生的核心素养，进而把解读出来的思想方法用来指导自身教与引领学生学，达到使用好新教材的目的。高考考查内容与教材紧密结合，以课标为核心、考试为载体、课标指引考，考从教材中来，教借助考，学从课标中来，体现"三新"视域下教考学一体化。

1. 文本题材多样化，拓宽阅读视野

2022年全国新高考卷文学类阅读类命题，从题材上看，选自冯至的历史小说《江上》，与2019年全国Ⅰ卷高考题选取鲁迅的《理水》在文体上很相似，都属于故事新编。前者是对春秋时期伍子胥复仇故事的改编，后者是对中国传统神话大禹治水故事的改编，作者都有意于古为今用或以古讽今。试题文本题材的多样化，引导我们在教学中帮助学生拓宽阅读视野。

2. 重视名家风格在其非主流作品中的浸润

冯至突出的成就在于诗歌，很有名的诗作是《十四行集》，2022年高考试题选取的是冯至的小说《江上》，与2021年新高考全国Ⅰ卷文学类阅读作者的选

择上有相似之处。2021年新高考卷文学类试题是《石门阵》，作者是卞之琳。卞之琳的突出成就也在诗歌，大家熟悉他的诗歌《断章》，试题选取的是卞之琳的小说。这两篇小说都具有作者的诗人特质，是诗化小说。高考试题告诉我们，要重视名家风格在其非主流作品中的浸润，不能只阅读深挖作家主流作品的价值内涵，也要关注作家的非主流作品的意义与价值。

3. 重视高尚品行铸魂，文化育人

从作者的选择上看，试题选取的是现代诗人冯至。冯至曾被鲁迅称赞为"中国最杰出的抒情诗人"，朱自清先生认为其"叙事诗堪称独步"。他是一个关注国家、人民以及人类、宇宙的爱国诗人，与卞之琳一起被认为是中国新诗史上的现代派大家。他在《工作而等待》中说："人需要什么，就会感到什么是亲切的。里尔克的世界使我感到亲切，正因为苦难的中国需要那种精神：'经过十年的沉默，工作而等待，直到在缪佐他显了全部的魄力，一举而叫什么都有了交代。'"他与友人创办了沉钟社，沉钟社是致力于创作的团体，文艺思想接近创造社，鲁迅评价它"确是中国的最坚韧，最诚实，挣扎得最久的团体"。有人评论冯至，他一半是诗人，一半是哲人，诗中充满"孤独"的情怀。这种情怀浸透于《江上》伍子胥的骨骼里，伍子胥爱国爱民，为民疲于奔命，为国家奋斗不止。这种情怀要植入当代中学生内心深处，成为他们的美好品行。2022年全国新高考卷文学类阅读题命题者，通过作者和作品塑造的人物形象的高尚品行，来铸就学生的灵魂，用文化培育人才。

4. 注重学科素养，回归课标理念

从核心素养的考查上看，2022年全国新高考卷文学类阅读试题，很灵巧地考查了学生的学科素养，语言运用与建构、思维发展与提升、审美鉴赏与创造、文化传承与理解，紧扣课标核心素养。

语言建构与运用：第6题，C选项，伍子胥同渔夫道别，说话时"有些嗫嚅""半吞半吐"，表现的是伍子胥渴望同渔夫交流，又碍于隐情而无法敞开心扉；D选项，"你渡我过了江，同时也渡过了我的仇恨"，子胥在江上领会到渔夫的"世界"，他对自己的使命有了更深的理解。

思维发展与提升：第6题，B选项"唯恐把这段江水渡完"，表现了逃亡中

的伍子胥的心态,只有在江上的这段短暂时光,他才能够平和地欣赏风景。第8题,舟行江上,伍子胥的思绪随着他在江上的所见所感而逐步生发展开。请结合文中相关部分简要分析。

审美鉴赏与创造:第6题,A选项,子胥过了昭关,所见风景与前大不相同,那大片绿色和原野,也是子胥再次"获得了真实的生命"的心情写照。第7题,A选项,那位老人欣赏季札不就王位的高洁,也称赞他以美好的行为感动了世人;B选项,那位年轻人认为季札不顾百姓死活,只顾独善其身,逃避了济世的责任。

文化传承与理解:第9题,渔夫拒剑是一段广为流传的历史故事,渔夫是一位义士,明知伍子胥身份而冒死救他渡江,拒剑之后,更为了消除伍子胥的疑虑而自尽。本文将渔夫改写成一个普通渔人,这一改写带来了怎样的文学效果?谈谈你的理解。

5.强化逻辑学意识,追求思维之真

高中生要有逻辑知识,新课标重视学生思维能力的训练、思维品质的培养。2022年全国新高考语文试卷通过不同的题型重点考查了学生的逻辑思维能力。如文学类阅读第6题,B选项"唯恐把这段江水渡完",表现了逃亡中的子胥的心态,只有在江上的这段短暂时光,他才能够平和地欣赏风景。这道题要运用逻辑知识来解答,题目内容出自原文第16自然段"船缓缓地前进着。两人在两个完全不同的世界,一个整日整夜浸在血的仇恨里,一个疏散于清淡的云水之乡。他看那渔夫摇橹的姿态,他享受到一些从来不曾体验过的柔情。往日的心总是箭一般地急,这时却唯恐把这段江水渡完,希望能多么久便多么久,与渔夫共同领会这美好的时刻"。

从逻辑学的角度来理解判断,唯恐把这段江水渡完,是因为伍子胥整日整夜浸在血的仇恨里,这时碰到了一位渔夫,他从渔夫身上享受到了一些从来不曾体验过的柔情,也因此希望能多么久便多么久,与渔夫共同领略这美好的时刻。前后之间是因果关系,选项B,唯恐把这段江水渡完原因是江上时光使伍子胥能够平和地欣赏风景。原文与选项比对,会发现选项是对原文原因的错误分析。从命题中发现,我们要强化逻辑学意识,追求思维之本真。

6. 强化语言文字的理解能力，回归文字本色

第7题，D选项为季札的退耕田园，与下文渔夫的泛舟江上，共同表达出本文的隐逸主题。这里出现了"隐逸"这个词，"隐逸"是封建社会有些人不愿意跟统治者同流合污，而选择隐居避世的人生态度。D选项把渔夫理解为隐士，泛舟江上是他隐逸的方式，而原文，渔夫一有闲暇就帮助有需要的行人渡江，可见泛舟江上是他平时的生活方式，而不是隐逸避世，与季札退耕田园的做法是不同的。高考试题告诉我们，阅读要解读透文本语言文字，回归到语文本真上来。

7. 重视理清文脉、清晰思路，读懂读透文本

文学类阅读第8题，舟行江上，伍子胥的思绪随着他在江上的所见所感而逐步生发展开。请结合文中相关部分简要分析。先解释"思绪""逐步"，思绪是指思想的头绪、情绪；逐步是指一步一步地（指动作行为有意识有节奏地循序渐进），暗示我们分析要一步一步，有层次性。题目解读，要求考生通过伍子胥江上的所见所感分析伍子胥的思绪是如何一步一步滋生发展的。这道题很明显考查的是对文本脉络梳理的能力，题目暗示我们可以采用以图理脉的方式准确作答，我们平时常按照小说的开端、发展、高潮、结局的规律来理清文本脉络，如图1-5所示。

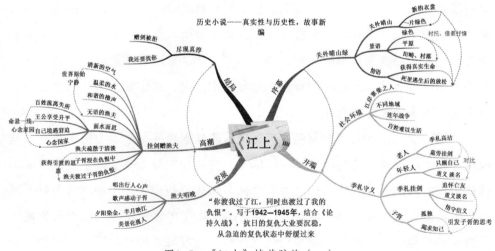

图1-5 《江上》情节脉络（一）

高考题比较灵活变通，善于打破套路，但只要能够读懂题目，读懂文本，就能发现答案在文本之中。按照题目提示，先找出伍子胥在江上的所见、所闻、所感，然后分别找出其情绪的滋生与发展，随情境而生的心理变化，而这就是文本的脉络，只是把上图的脉络稍作变通而已。题目要求按照伍子胥行踪顺序，从其所见所闻所感角度理出行文脉络，就得出了《江上》情节脉络（二）（见图1-6），把它整理成四个点，答案就出来了。

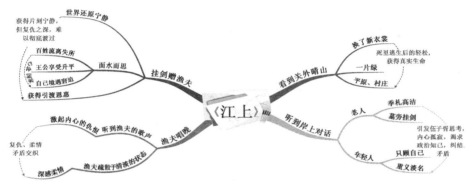

图1-6　《江上》情节脉络（二）

8. 注重横向拓展、纵向挖掘，读宽读深文本

文学类阅读第9题考查的是文化的传承与理解、思维发展与创造能力。第9题："渔夫拒剑是一段广为流传的历史故事，渔夫是一位义士，明知伍子胥身份而冒死救他渡江，拒剑之后，更为了消除伍子胥的疑虑而自尽。本文将渔夫改写为一个普通渔人，这一改写带来了怎样的文学效果？谈谈你的理解。"这篇文章是历史小说，有传统文化色彩，首先考查学生的阅读面，其次学生对司马迁《史记》中的《伍子胥列传》要有所了解，才能进行比较分析、准确作答。

题目把历史故事和故事改写新编相结合，从文学效果的角度考查学生的比较分析鉴赏能力。这就要求把历史故事和新编故事进行群文阅读，通过比较来分析改写后的故事情节、塑造的人物形象、小说主题和语言审美方面的效果。

司马迁《伍子胥列传》有关的江上情节：楚平王将伍子胥之父伍奢与兄长伍尚残杀后，悬赏捉拿伍子胥，怀着家仇国恨，伍子胥只身逃跑，历尽千难万险，后逃往吴国，在昭关江边遇到了渔父，渔父明知伍子胥身份，冒死渡他过江，后为不泄露伍子胥行踪，舍生取义而自杀，最后伍子胥逃往吴国，借吴国之力打败了楚国。这里的伍子胥是复仇的标签。冯至《江上》的情节：伍子胥过了昭关，逃往吴国的途中，看到关外江山一片绿，听到岸边老人和年轻人的议论，想到季札守义之事，这时渔夫唱晚，渡他过江，伍子胥感谢渔夫引渡的恩惠，挂剑赠渔夫，渔夫拒剑，翩然离去。这里的渔夫是个普通的渔夫，疏散于清淡之中，为有需要的人摆渡。通过比较阅读，分析冯至《江上》改写后在情节、人物、主题、语言审美方面的效果，以表格的形式比较，就达到了点的深度和面的广度（见表1-1）。

表1-1 《伍子胥列传》《江上》比较阅读

作品	情节	人物——渔夫	人物——伍子胥	主题	语言
《伍子胥列传》	伍子胥逃往吴国路经昭关—江边遇上渔夫—渔夫冒死渡他过江—伍子胥赠剑—渔夫拒剑—渔夫自尽 具有激烈的矛盾冲突，情节性强	义士——慷慨悲壮，渔夫冒死渡他过江，为不泄露伍子胥行踪，舍生取义而自尽	复仇的符号	愤慨孤独，负重，去国怀忧	有强烈的剧情感、情节感，深沉有力
《江上》	伍子胥过了昭关，前往吴国—季札守义—渔夫唱晚—渔夫渡他过江—挂剑赠渔夫—渔夫拒剑—渔夫翩然离去 淡化情节，转化内心世界的抒写	普通人——云淡风轻，不知伍子胥从何而来，为什么背井离乡，只为帮助需要的人而摆渡，拒剑后翩然而去，渔夫热爱生活，淡泊名利，散淡的处世方式，给伍子胥恩惠之大	和渔夫对比，突出伍子胥内心的情绪的变化，最后获得真实的生命	复仇大业要沉稳，从急迫状态之中舒缓过来，伍子胥对自己的使命有了更深刻的理解 主题寓意深远	意境美——晚秋但有一片绿色，渔夫唱晚，舒缓的江上行船，展现舒缓散淡的意境 诗化美——渔夫与伍子胥的对比，具有哲理性，思想深刻

（二）内引外联，返璞归真，深厚审美素养

从高考文学类阅读题命题特点可知，教师在阅读教学中要重视内引外联，返璞归真，追求文学的本色，要通过比较阅读、1+X阅读、单元阅读、专题阅读、整本书阅读，从语文之真、语文之本、文学的本色上，促使学生拓宽阅读面，增加阅读量，挖深文本内涵，培养学生的阅读审美能力，提升学生的思维品质。

1. 返璞归真，挖掘文本的深度

阅读教学，教师要回归到作品文学性与文体特点本身来引导学生进行阅读理解，研究语言特色，准确把握语言深远意蕴，帮助学生掌握阅读审美的必备知识。

首先，回归逻辑知识来阅读理解。例如，《荷花淀》："我本来不想去，可是俺婆婆非叫我再去看看他——有什么看头啊！"根据三段论推理来理解这句话，琢磨人物细腻的内心世界，A→B，B→C，所以A→C，即我本来不想去看他→有什么看头，没什么好看→是婆婆非叫我再去看看他，所以，我→只能再去看看他。强把婆婆推出来，来掩饰内心的迫切，多么的羞涩，深含真情，对丈夫的支持和真心实意的朴素纯真的爱。这种朴素美、人性美和这篇诗化小说特点完美融合。

其次，回归文学性来阅读理解。《荷花淀》被列入革命传统作品研习专题中，我们的定式思维，战争的情节应该是跌宕起伏的，应该有激烈的矛盾冲突，场景应该是将士们驰骋沙场、硝烟弥漫、激烈悲壮、血流满地，那么这篇小说是如何体现革命文学特点的，其战争场面是如何表现的呢？我们要引导学生从文学特点上进行研习，把对战争场面的描写找出来，如日本鬼子的大船追过来，妇女们勇敢坚定，不慌不忙，把小船摇得飞快，机智地把小船摇进荷花淀，不怕死，不怕强敌，应对自如，从容镇定，配合战士们奋勇杀敌，击沉了敌人的大船，防卫战变成了伏击战，战士和妇女们大声欢笑。战争让青年妇女们感到兴奋和神奇，保卫家乡、击败侵略者的战争场面被描绘得如此激烈却又轻松默契。对于革命文学作品，紧张的战争中有更多的心理冲突描写，洋溢着浓郁的生活气息和浓厚的诗情画意，大快人心，所以又是诗化小说。

最后，回归文体特点来阅读理解。返璞归真还要回到文本的文体特点上来阅读理解。如《拿来主义》是一篇杂文，文章采用了先破后立的方式有理有据地阐述观点，运用了比喻论证、对比论证、因果论证、以小见大的技巧，把深奥的道理生动化、形象化，先破后立，立中又有破与立。为了准确地把握鲁迅先生的论证思路，我们运用WHWM（What，是什么；How，怎么做； Why，为什么；Meaning，意义）思考法画出思维导图（见图1-7）来化繁为简、化难为易、化模糊为清晰，同时引领学生更深入地思考理解文章的主旨。这又是高考考查的必备能力，体现了教考学一体化。

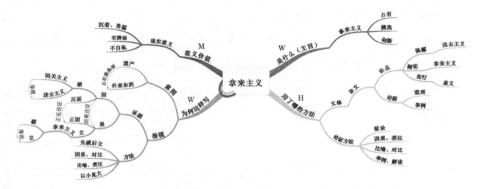

图1-7　用WHWM思考法画的《拿来主义》思维导图

2. 内联外引，拓宽文本的广度

教材的取用体现教师的智慧，可以根据人物典型性，把具有影响力或时代精神的典型人物的作品进行组合，如把《荷花淀》《记念刘和珍君》《红岩》《青春之歌》《百合花》组合在一起，探究革命传统作品中的女性形象，进一步鉴赏这些女性的"苦难与新生"。

表1-2　组合探究革命传统作品中的女性形象

作品	作者	发表时间	故事时间	背景	女性
《荷花淀》	孙 犁	1945年，延安	抗日战争时期	抗日战争最后阶段的冀中人民的斗争生活	荷花淀妇女群像
《记念刘和珍君》	鲁 迅	1926年4月12日发表在《语丝》周刊	1926年3月	三一八惨案	刘和珍
《红岩》	罗广斌、杨益言	1957年	1948年在国民党的统治下	新中国成立前夕渣滓洞和白公馆	江姐
《青春之歌》	杨 沫	1958年	从1931九一八事变到一二·九学生运动	一二·九学生运动，北平	林道静
《百合花》	茹志鹃	1958年	1946年的中秋之夜	以解放战争中淮海战役为背景	新婚媳妇

也可以是多种文体作品的组合，如学术论著《乡土中国》分别与《红楼梦》《平凡的世界》《白鹿原》《四世同堂》《家》《人生》这些作品组合阅读，用事例解读理论。

表1-3 多种文体作品的组合

作品	理论	作品	任务
《乡土中国》	差序格局，按离自己距离的远近来划分亲疏的一种社会格局	《红楼梦》	林黛玉初进贾府，贾母传晚饭，王夫人忙携黛玉进入贾母房中，李纨捧饭，熙凤安箸，王夫人进羹，而迎春、探春、惜春三姐妹却坐着用饭。用差序格局理论分析这种现象
	家族，家的主轴是父子之间，婆媳之间，纵向的；从欲望到需要	《平凡的世界》	分家为什么会给孙少安带来那么多的苦恼，请用《乡土中国》中的理论进行分析；用《乡土中国》中"从欲望到需要"理论来分析孙少平的人生
	礼治秩序，从教化中养成个人的敬畏之感	《白鹿原》	白鹿两姓十六岁以上男子齐集学堂听徐先生讲解《乡约》，要求每个男子背记《乡约》条文再教给妻子和儿女。用《礼治秩序》的理论来解释这份《乡约》在白鹿村所起的作用
	男女有别，乡土社会传统文化男主外、女主内	《四世同堂》	（祁瑞宣的妻子）韵梅为了改善夫妻关系，她"尽责"地去保障她的身份与地位，最后的结果是什么
	长老权力，时势权力，名实的分离	《家》	对觉民离家出走抗婚的行为，祖父怒不可遏，面对祖父的暴怒，觉新惶恐万分，觉慧却暗笑"纸糊的灯笼快要戳穿了"。请用《乡土中国》中的理论来解读这些现象
	文字下乡、再论文字下乡，乡下人没有文字的需要	《人生》	①生活在农村的高加林为什么会十几年拼命读书？他的目的是什么？②不识字的刘巧珍刷牙了，这招来了非议，难道不识字就不能刷牙了？③为什么文字一直不是乡下人的东西

还可以对相同时期的作品进行组合，如《荷塘月色》《故都的秋》《江南的冬景》《想北平》，探究作者在抒发情感方式上的异同，景语与情语的契合；从意象、意境、用词、句式、修辞方面分析其各自的语言特点；利用图书馆和互联网，查找作者的相关资料，探究作者在当时有没有超越困境；选一篇文章写一篇阅读推介文。

表1-4　相同时期作品的组合

作品	创作时间	时代	主题
朱自清《荷塘月色》	1927年7月	1927年4月12日蒋介石发动四一二反革命政变。1927年4月12日直至1949年国民党败退台湾为止的这段时间被称为"白色恐怖"时期	作者面对白色恐怖，他悲愤、不满而又陷入无法排遣的苦闷与彷徨之中
郁达夫《故都的秋》	1934年8月		
郁达夫《江南的冬景》	1935年12月		
老舍《想北平》	1936年		

　　又可以把意蕴深远、思想深刻的作品组合，如《记念刘和珍君》《为了忘却的记念》《与妻书》《党费》，探究具有时代担当、高尚品格、为祖国前途不惜牺牲的热血青年，培养学生时代意识、责任担当精神。

表1-5　意蕴深远、思想深刻作品的组合

作品	人物	技巧	主题
《记念刘和珍君》	刘和珍，以挽救祖国和民族为己任，疾恶如仇，勇赴国难，以奋斗献身为幸福	写人记事的纪念性散文，记叙、议论、抒情融为一体	歌颂具有时代担当、高尚品格、为祖国前途不惜牺牲的热血之士
《为了忘却的记念》	白莽、柔石、冯铿、李伟森、胡也频，敢于斗争、为信仰而燃烧，为革命而牺牲的青年	写人记事的纪念性散文，记叙、议论、抒情融为一体	
《与妻书》	林觉民，为革命而牺牲的豪情壮志	书信，散文，感情真切，笔调委婉动人	
《党费》	黄新，视党的利益高于一切，不顾生活的艰难、省吃俭用，牺牲前不忘交党费	第一人称以"我"的视角，加深对黄新的认识，倒叙手法	

3. 内引外联，引向深度思考，培养研究意识

　　从新高考命题特点可见，试题重视考查学生的思维品质和文化涵养，这就要求学生阅读要有点的深度，我们教学要重视培养学生的逻辑思维能力，这样才能经得起高考的检验。而要提升学生的审美鉴赏能力，阅读教学要通过任务引导学生进行阅读探究，让学生在参与研究之中自行形成阅读策略与路径。这要求任务群的设置要有整体性、延伸性、层次性。

例如，在中国革命传统作品研习版块，探究《荷花淀》《百合花》的"苦难与新生"主题中，我们从整体性、延伸性、层次性的角度上设置任务。

核心任务：《荷花淀》《百合花》战争中的诗情画意。

任务一：分别找出两篇小说运用的意象与渲染的意境，并分析其特点。

任务二：分别分析两篇小说意象与意境蕴含的情感。

任务三：小说中的意象与意境对小媳妇、荷花淀妇女的"苦难与新生"的主题有什么作用？为小媳妇或荷花淀妇女写首赞歌。

任务四：为什么把具有浓郁的诗情画意的小说编入中国革命传统作品研习？

设置的任务群体现了生命力、延伸力，这样的任务才有了生存的意义与价值。

再如，选择性必修上册第二单元，围绕"诸子争鸣，立身处世之道"，对《论语》《孟子》《老子》《庄子》《墨子·兼爱》这几篇文章设置群文阅读。

核心任务：探究儒道墨的理想人格。

任务一：分别概括儒道墨的解决问题的思想方法，并找出儒道墨思想的交锋点。

任务二：吕思勉在《经子解题·论读子之法》中说："诸子之文，各有其面貌性情，彼此不能相假；亦实为中国文学，立极于前。"探究《孟子》《老子》《庄子》的说理风格。

任务三：选择儒道墨中一家的立身处世之道，解读刷爆全网的《"二舅"治好了我的精神内耗》中"二舅"的处世之道，或结合自身和现实生活现象解读本单元各篇课文所讲的立身处世之道。

任务四：思考先秦儒家的思想智慧对塑造中华民族精神的重要性，并选其中一位圣人为之写篇小传。

具有整体性、延伸性、层次性的任务群，撬动了学生的思维，拓宽了学生的视野，让学生接收了更多的文学样式，引导学生深入思考，不断探究研讨，学会在复杂情境中解决问题，自行建构阅读方法路径，有效地提升了学生的阅读鉴赏能力，培养了学生的思维品质，使学生的阅读既有了点的深度，又有了面的广度。可见，我们要重视"三新"视域下教考学的一体化。

四、挣脱缰绳走向自主学习

有理论家提出，20世纪是模具时代，而21世纪是学习的时代，我认为很有道理。当代教学理论认为："尽管教学是教与学统一的过程，但是，如果理解不全面，以为教师教的过程一定也是学生学的过程，这就大错特错了。"因为教师教的过程，学生未必在学，即使在学，也很可能是被动、低效甚至无效的学。真正有效的教学不是简单地让学生占有别人的知识，而是要建构自己的知识经验、形成自己的观点。因此，依靠教师单方面的积极性，不争取学生参与教学的主动性，是无论如何也难以实现有效教学的。只有"使教育过程成为真正的师生共同参与的过程，成为真正合作的相互作用的过程"（美国教育家杜威语），教与学才真正融为一体，相得益彰。

学习方式是决定学习质量的重要环节。"学生学习与发展好坏受多种因素制约，而主要因素是看其参与学习的过程及其实践体验。"新课程标准倡导"自主、合作、探索"的学习方式，就是根据学生身心发展和语文学习实践性的特点，充分关注学生的个性差异和不同的学习需求，激发学生的主动意识和好学精神而提出来的。这些学习方式的共同特点是让学生真正动起来，挣脱缰绳走向自主学习，成为学习的掌舵者。下面，就"自主学习"这一学习方式谈谈我的看法。

（一）自主学习的内涵

"自主学习"是指学生在教师指导下的独立思考、独立分析、独立判断和独立解决问题的能够获得自我体悟的一种学习方式。

其"自主性"主要体现在，"学生的动机和需要是活动的主导因素，他们可以根据自己的特点、兴趣、爱好和能力，自主选择和参与合适的实践学习活动，教师只是以引导者的角色，为学生的活动提供咨询、帮助和服务"。

（二）倡导自主学习的现实意义

要让学生成为学习的主人，就必须让学生自主学习，亲身经历学习这个特殊的生活过程，并从中体悟生命的意义和人生的价值，在不断反思中形成自己独特的见解，发展自己的能力。教师的使命则重在尊重、协助与促进。

美国心理学家罗杰斯认为，一旦教师尊重学生，"学生就能离开僵化走向灵活，离开依赖走向自主，离开戒备走向自我接受，离开被束缚走向一种创造性"。

1. 学习是一种生命体验，是一种生活方式

长期以来，学校教育追求的是个体智力的优异性和学问的卓越性，通过教师的传授，使学生获得牢固的知识，并能够熟练地、灵活地、准确地解题。对学生来说，"成功就是学习那些有限的答案——从一名教师那里吸收，然后在考试的时候，准确无误地反馈"。然而，当今社会所面临的是瞬息万变的以及渗透到生活各个领域的复杂的文化，个体在生存与发展中所面临的问题越来越具有社会性、复杂性、整合性和不可预见性，人们所必需的知识范围与能力素养的范围被急剧扩大。

学校教育应成为学生自我完善与发展的过程，让学生在获得必要的科学文化知识与技能的同时，了解知识的发展及其对社会的价值，掌握知识探究与问题探索的基本方法和途径，提高在参与探究、发现和改造等一切社会活动时进行决策的能力。

教育是一种生命的体验，学习是学生生命发展中不可分割的一部分。自主学习就是要还学生一个完整的生命历程。

2. 自主学习是师生追求的最终目标

"任何一个青少年，只有当其独立自主的意识受到鼓励时，他的创造性潜力才可能充分调动起来，才可能树立起真正属于自己的思想信念，才可能有健康的个性。"

有人说："如果不培养创造力，就只能培养简单劳动力。"这是一句多么发人深省的话呀！

当今时代是一个学习的时代，学生的知识不能仅仅依靠教师教的那几节课来获得，而教师更不能仅靠他自己业已掌握的有限的知识来教学生，知识大爆炸的时代，任何人都必须依靠自主学习来获得更多的知识。因此，自主学习是师生追求的最终目标。

3. 自主学习是学习方式，更是心理品质

现在的学生多多少少存在着这样的问题："思想上依赖、被动，行为上缺乏主动性，过于服从权威；经验世界的贫乏和苍白，缺乏对知识的个性化理解，缺乏丰富的鲜活的内心世界；兴趣的狭窄且不稳定、不深刻。"

导致这些问题的原因是多方面的，但我们认为学生缺乏学习的主动性、不能自主学习是其中之一。由此可见，自主学习是一种重要的心理品质。

（三）自主学习的主要特征

1. 主体性

《基础教育课程改革纲要（试行）》指出，教师应在教学过程中与学生积极互动，共同发展，逐步实现学生学习方式、教师教学方式和师生互动方式的变革。这实质上就是把教学过程视为一种师生双方主体共同发挥作用与建构知识的过程，在某种意义上可以说，新课程迫切要求教学认识实现时代的转变。

时代发展对人的素质的要求，突出地体现为人的积极性、主动性和创造性。新课程培养目标中，指出要使学生具有初步的创新精神、实践能力，具有适应终身学习的基础知识、基本技能和方法，倡导学生主动参与、乐于探索、勤于动手，这是对时代要求的客观反映。它要求在教学过程中教师与学生要着力于自身主体性的建构，正是师生在教学过程中发挥和建构自身主体性才使得教学极具个体差异性、多样性。学生正是在具有主体性教师的指导和帮助下，通过自身主体性的发挥，获得有效的指导和经验，使学习有正确的方向，积累学习经验，形成学习习惯，掌握学习方法，能动地认识、理解和掌握课程内容，把课程内容以及教师的言行、品德、价值观的影响内化为自身的主体品质，同时把自己的学习结果和成效以多种方式外现出来。

2. 个体性

个体性，即个性。"传统的学习方式把学习建立在人的客体性、受动性和依赖性基础之上，忽略了人的主动性、能动性和独立性。本次课改力图逐步改变这种以教师、课堂、书本为中心的局面，改变原有的单纯接受的学习方式，建立和形成充分调动与发挥学生主体性的多元化的学习方式。"

学生个性的差异性和多样性，反映到教学中必然就是自主性的学习方式和

多元化的学习方式。这种基于个性的学习方式是多层次的、多维度的复合体，它有三个方面的规定性：学习的自主性、独立性和创造性。因此，要求教师在指导学生学习时要最大限度地尊重和利用独特性，引导学生根据自身状况和实际需要，选择和采用自己喜欢并有效的学习方式；要指引学生敢于认识和研究自己所不知道的问题，善于将新的学习内容灵活变通地纳入已有的认知结构。同时，也要求学生逐步确立主体意识和主体观念，不断增强自我学习、自我发展的内在动力，能够自主地提出问题，主动地寻求解决问题的方式和方法，能动地掌握学习的内容和增强学习的能力。

3. 反思性

自主学习强调学习的自律性和自控性，它要求学生在学习过程中能根据自己的学习目标积极主动地完成学习任务，能够自主地锤炼自己的品质和意志。这就要求学生在学习过程中对照计划和目标进行不断的反思和改进。从这一点上来说，自主学习也就是一种反思性的学习。

"所谓反思性学习，就是通过对学习活动过程的反思来进行学习，它具有探究性、自主性、发展性及创造性四个特征。反思性学习是一个循环的过程，每一相对周期之间具有内在的连贯性，元认知渗透于全过程，这些正是常规学习所缺乏的。"反思性学习的基本环节为：①反省阶段；②评判阶段；③察觉问题阶段；④界定问题阶段；⑤确定对策阶段；⑥实践验证阶段；⑦总结提高阶段。在自主学习中，教师要积极引导学生进行学习反思，努力提高其反思能力。在具体的学习和实践中做到：强化学生反思意识、为学生创设反思情境、培养学生的反思技能、增强学生的反思毅力、建立互动的反思关系。

（四）让自主学习成为学生的导航

"根据国内外学者的研究成果，自主学习概括地说，就是'自我导向、自我激励、自我监控的学习'。"

1. 积极参与教学过程

自主选择学习内容，自主安排学习时间，自主制订学习计划。这是自主学习的基本方式方法。"学生当成为某一学习内容的提出者、设计者、实施者时，他就对其目标的达成负有主要的责任。当学生感到背负一种责任时，他的主观积极性便会得到极大的调动，自主学习、积极探究就有了积极的内在动力。"

"学生在教学过程的主动参与依次表现在以下五个方面：

"（1）参与制定教学目标。

"（2）参与选择教学方法。

"（3）参与质疑解惑。

"（4）参与与他人的合作。

"（5）参与教学评价。"

2. 在解决问题中不断学习

在学习生活中，要培养自己"不唯书、不轻信、不盲从的独立人格"。培养"理智的好奇心、强烈的求知欲、不倦的探究精神"，要"不满足于已有结论，不相信唯一正确的解释，不迷信权威仲裁，不屈服于任何外在的压力而放弃自己的主张"。

我们要在解决问题中学习，做到大胆质疑、自由探索、平等交流。因为在现实社会中，有层出不穷的新问题出现。作为新时代的新人类，要面对的问题将会是大量的、复杂的，每个人必须学会在解决问题中学习。

3. 努力培养学习的内在动力

苏霍姆林斯基说："人的心灵深处，都有一种根深蒂固的需要，这就是希望感到自己是一个发现者、研究者、探索者。"

培养自己内在的学习动力，制定切合自己实际的目标，背负自己学习的责任，感受学习的乐趣，体验探索、发现、研究的欢愉。学习是一种生活必需品，一种充满欢乐的生活，一种让自己不断成长的生活。

4. 进行有效的自我监控和检测

自主设定学习目标后就要进行长期的学习，在这一过程中，要对学习过程进行自我监控和检测，对学习结果能作出自我评价，能对详细活动进行自我反思和修正。

"自主学习""自主发展"应该成为我们整个教育的自觉追求。"让学生在学校中，以至升入高一级学府或者走向社会以后，能够安全地生活、健康地生活、负责任地生活、有尊严地生活、有爱心地生活和有创意地生活，就应该是我们教育的重要目标。"通过自主学习，读书成为我们的习惯，思考成为我们的需要。自主学习让我们在学习这一生命活动中得到一份美好的人生体验，完善我们的人格，培养我们创新的精神。

第二章　诗意课堂——人文的语文，生活的语文

　　语文就是生活，这种生活是充满人文关怀的生活。语文也是一种美的教育，在这美育中"常会有一种说不出的感觉，四周的空气变得更温柔，眼前的对象会变得更甜蜜，似乎觉得自身在这个世界上有一种伟大的使命……使人人能在保持生存以外，还能去享受人生。知道了享受人生的乐趣，同时更知道了人生的可爱，人与人的感情便不期而然的更加浓厚起来"。

　　统编版新教材要求我们的课堂是诗意课堂，我们的语文是人文的语文、生活的语文。新教材明确了语文的工具性与人文性。语文的工具性在很大程度上体现了生活的语文，而语文的人文性在更多层面上体现为诗意的语文。这两个特性在新教材编写体系中重点凸显。新教材依据两条线索进行选材和确定学习内容与要求：一条是人文主题；另一条是学习任务群。人文主题体现的是语文的人文性，必修的主题有"青春激扬、劳动光荣、诗意人生、使命与抱负、责任与担当"等，选择性必修的学习内容有"科学与文化论著、中华传统文化、中国革命文化、外国戏剧和诗歌经典作品、中国现当代作家作品"等。学习任务群具体落实语文的工具性要求，创新点体现在两个方面：一是读写结合，写是贴合教材阅读内容设计的相关写作训练，让学生的写作有章可循、有话可说、有情可抒，通过阅读与鉴赏、表达与交流、梳理与探究，引领学生发现问题、解决问题，促进学生深入探究、深度阅读，进而有效地提升学生的阅读鉴赏与审美能力；二是语文综合实践活动，这种单元设计方式是以前的教材

没有重点体现的，其引导学生进入生活情境，通过实践活动来落实学习任务。新课标、新高考、新教材下的语文教学，促使语文学科的人文性理念被越来越多的人所认同、所接受，在语文教育教学实践中得以逐步推行。然而，到底什么是语文学科的人文性？站在语文学科人文性的立场上又该如何看待语文教育教学中的相关问题？这是"三新"视域下语文课堂教学改革中要重点思考的问题。

语文是人文的语文，生活的语文，具有独特的育人作用与意义。人文与生活并行共存，这就让语文教师把语文生活化、人文化，让学生在实践活动中自觉形成高尚的道德情操，树立正确的价值观、人生观，厚植爱国情怀，增强民族自尊心。例如，语文教学中要让学生关注并参与家乡的文化生活，借助各种传播媒介了解社会、与人沟通，展示信息时代的语文生活，同时，通过语文学习，融入社会主义核心价值观的教育、中华优秀传统文化教育、中国革命文化教育、社会主义先进文化教育、劳动教育等，以立德树人为根本任务，铸魂培元，培养学生的责任意识、担当精神，促使学生自觉地把语文学习内容内化为精神追求，成为一个懂得奋斗、积极上进、根植文化自信、涵养深厚的爱国情感的时代青年。

一、语文学科人文性的解读

人文主义是欧洲文艺复兴时期代表新兴资产阶级文化的主要思潮。其有两个方面的含义：一是指与中世纪神学不同的、以人与自然为对象的世俗文化的研究；二是指贯穿于资产阶级文化中的一种基本的价值理想和哲学观念，即资产阶级的人性论和人道主义。它强调以人为主体和中心，要求尊重人的本质、人的利益、人的需要、人的多种创造和发展的可能性。

什么是语文学科的人文性？

人文——指诗书礼乐等。今指人类社会的各种文化现象，也指人事。

人学——以整体的人的本质及其生活世界为研究对象的学问。人学的主要内容有两个方面：一是人的本质，包括人的地位和人的发展问题；二是人的生活世界，包括人与自然、人与社会、人的历史、人的社会生活和个人生活问题。人学的分支学科有：人的自然科学、人的社会科学、人的精神科学。

人文科学——原指因人类利益相关的学问，有别于在中世纪占统治地位的神学。狭义指对拉丁文、希腊文、古典文学的研究；广义一般指对社会现象和文化艺术的研究，包括哲学、经济学、政治学、史学、法学、文艺学、伦理学、语言学等。

人道主义——关于人的本质、使命、地位、价值和个性发展等的思潮和理论。

人文主义教育，亦称"人道主义教育"，指从人道主义出发，反对中世纪封建的、经院主义的教育，主张以人为中心，把人的思想感情从神学的束缚中解放出来，强调尊重儿童个性。近代以来，或指追求个性发展的教育理想，或指相对于科学主义教育的人文主义教育思潮。

人文学派——人文主义学派之一，以养成高尚趣味及优美情操为目的。

从上面材料中，我们分析得知，没有可以照搬照抄的有关"语文学科人文性"的解说或定义。但只要认真研究就可以看出，这些概念定义与"人文性"都有相关之处。它们大致包括两个方面的内容：一是以整体的人的本质及其生活世界为研究对象的学问，即人文学科；二是关于人的本质、使命、地位、价值和个性发展等的思潮和理论。前者更多的是指客观的外在的事物，后者更多的是指对人的人文关怀，是一种认识和实践。由此，我们可以为语文学科的人文性作出如下定义：

语文学科人文性是指以富有人文精神、人文思想的语文教材为蓝本，以富有人文氛围的课堂为主阵地，以学生为主体，教师、学生积极参与的一种实践活动。

二、语文教学中的人文性

前面我们对语文学科的人文性做了一个解释，那么站在人文性的立场上又如何看语文教学实践的相关问题呢？

（一）人文性的教材观

语文教材是我们进行语文教学、培养学生人文精神、提高学生人文素养的蓝本。在统编版新教材实行之前，教材的陈旧、落后已是有目共睹的问题了。王丽曾指出，在高一第一学期的语文课本中，真正从语文的角度来编选的篇目大约只有一半，其余一半则大体上是从对学生进行思想政治教育的角度来考虑的，而且是20世纪五六十年代那种思想政治教育内容，即便是写景抒情也是如此。更使人百思不得其解的是，在总共28篇课文中，竟没有一篇反映当代社会生活、议论精辟、文字精彩的作品。仿佛使用这本教材的教师和学生不是生活在21世纪，而是生活在20世纪五六十年代的人。

我们现在所用的统编版新教材深受教师和学生的喜爱。新课标中指出，新教材"进一步精选了学科内容，重视以学科大概念为核心，使课程内容结构化，以主题为引领，使课程内容情境化，促进学科核心素养的落实。结合学生年龄特点和学科特征，课程内容落实习近平新时代中国特色社会主义思想，有机融入社会主义核心价值观、中华优秀传统文化、革命文化和社会主义先进文化教育内容，努力呈现经济、政治、文化、科技、社会、生态等发展的新成就、新成果，充实丰富培养学生社会责任感、创新精神、实践能力相关内容"。

新教材内涵丰富、语言精粹，与社会现实息息相关，适合学生心理、生理实际。正如北师大教授童庆炳所说："我认为教材应该选那些风流蕴藉的作品。"

另外，我们也要让学生接触一些非主流文化、通俗文化。"保持主流文化与非主流文化、高雅文化与通俗文化的适当张力，恰恰可以折射和补充主流文化、高雅文化的单一性，从而共同构成学校生动活泼、丰富多彩的文化生态环境。"

（二）人文性的学生观

学生是人，是有思想、有个性、富有生命活力的人。我们的教育首先要还原学生是人这一根本问题。杨叔子先生说："大学的主旋律应是'育人'，而非'制器'，是培养高级人才，而非制造高档器材。"我们中学的主旋律不也是育人吗？既是育人就应先把人认识清楚。"人是有思想、有感情、有个性、有精神世界的，何况是高级人才；器是物，物是死呆呆的，再高级的器材，即使是高档的智能化机器人，也不过只具有人所赋予的复杂而精巧的功能或程序……我们的教育失去了人，如果忘记了人有思想、有感情、有个性、有精神世界，就失去了一切。""人就是不器的君子，才就是不器的大道，这种人才就是不拘一格去创新的人才。"

正确认识"面向全体"。"面向全体"不是用统一的标准、统一的模式培养学生达到相同的水平，而是让每个学生都受到最适合他自身发展的教育。它包括两个方面的内容：有教无类和因材施教。前者讲的是所有的人受教育的机会均等；后者讲的是每个人所受的教育都要适合自身的特点，能够最大限度地发挥自己的优势和特长。没有针对个体的因材施教就谈不上"面向全体"，而使所有的个体都受到适合自身最佳发展的教育，就必须对学生分层、分类，采用多样化的教育模式。

重新认识"全面发展"。"全面发展"应该是能促进学生特长发挥的各方面协调发展，允许学生有一定的短处，但各方面的因素最终组合成最有利于学生潜能发挥的综合素质：一是各层、各类、各种专长的学生在我们的教育体系中都能得到与之相适应的教育；二是学生应在德智体美劳等方面得到与其特长和优势相应的全面发展，成为一个有健全人格、有发展潜能的人才。

（三）人文性的课堂观

1. 语文课堂是学生乐学善学的快乐天地

巴西著名教育家保罗·弗莱雷曾把那种旧模式的课堂称为"储蓄的教学"。她认为这种教学是建立在这样一些基本的信条上的——"教师教学而学生被教导；教师无所不知而学生一无所知；教师思考一切而学生被（训练）思考；教师侃侃而谈，学生静心聆听；教师规训，学生被规训；教师决策并行使他的选择，而学生只是服从；教师的行为成为学生行为的样板；教师选择进程与内容，学生不断地适应；教师肆意铺张其知识威信与专业权威，并站在解放学生的对立面；教师是学习进程的主体，而学生仅仅是客体。"这些信条的实践孕育并强化了一个富有压迫色彩的小世界——课堂教学的小世界。在这样的小世界里，学生会乐学、善学吗？

学生乐学、善学的关键在于教师，只要教师树立大学习观，把学生的学习看作学生认识规律的形成过程，看作学生智力、能力各因素协调发展的过程，看作学生对事物发展、变化规律的认识过程，那么教师就会设法激活学生的思维，调动学生的主动性，促使所有学生都能在原有的水平上得到最大限度的提高，从而使他们感受到成功的喜悦。

2. 语文课堂是师生对话、交流、思想撞击的平台

学生是一棵有活力的、能够自己主动吸纳知识的小树，而不是一个被动接受知识的容器。教师要深入学生、了解学生、关心学生、把握学生，进而启迪学生，点燃学生智慧的火花，与学生建立动态的合作关系，建立亲密无间的师生关系，让以情感为纽带建立起来的师生关系，取代以知识为纽带建立起来的师生关系，让学生自觉、自主参与到教学过程中，从而把教育教学过程变成学生与自己共同探求知识、发现真理的过程，使学生掌握人类认识事物的规律。

3. 语文课堂也是教师热情参与、尽情投入、充分展现其生命活力的生活场所

《普通高中语文课程标准（2017年版2020年修订）》，用任务群来划分和组织课程内容，以人文主题和学习任务群双线组织单元，每个单元都明确了学科大概念，每个单元的设计都有以学科大概念为导向的学习任务群，这对教师的教学提出了更高的要求。新教材更加重视单元知识的整合、情境的设置、学生的参与体验，以语文实践活动为主线，展现动态的课堂，凸显大语文观。运用项目式阅读可以很好地引领学生在复杂情境中学会分析问题、解决问题、完成任务的探究，促使学生进行思考，增强学生的审辨力和研究力，读写结合，以达到深度阅读。

以前的语文课堂教学，教师常常是单篇教学，往往只重视对所教文章的篇章结构的分析，教师做全面细致的讲解，学生认真听讲，边听边做笔记，传授知识面相对窄，引导学生思考问题的角度单一，学生也缺乏思考的动力，难以打开学生的思维，缺乏文学性与课堂趣味性，所以容易出现学生厌学、教师厌教的现象。教师自由发挥的空间少，也缺乏文学的感悟力、想象力，按照教学参考书的要求来讲，不仅忽视了知识的整合，而且忽视了学生主体的作用。

学生不是工具，教师也不是工具；学生不是"器"，教师也不是制器的"匠"。教师作为生命的主体，不应在这毫无生命活力的地方长久地耗费青春和热血。课堂是一方生命的园地，应有足够的空间、足够的自由度让教师去挥洒青春的热情，把课堂变成有生命、有活力的生活场所。

我们是语文教师，手持的是人类文化的瑰宝——文学。我们应能领会文学的大精神，应具有文学的大精神。"要使人与人的心靠近一点，一个要饭婆子在雪地里的死亡，某个角里的婴孩的眼泪，都不应该漠视'外面进行着的夜，无穷的远方，无数的人们，都和我有关'。不能将他人的生死拦在窗外，不能将一个人的孤苦无援当作笑话……"

语文教师要借助文学"使人的心灵得到沟通，使我们体会到他人的不幸、苦恼、无奈、希望、绝望、欲求、矛盾，奋进和退缩，欢喜和惆怅，那都是人的生活，人的色彩，人的气息"。

就在这文学的大精神下，在这心灵的沟通中，语文教师得到了心灵的提升，课堂成了教师生命的舞台。

可见，语文学科的人文性，一是指具有人文精神的教材，二是指具有人文关怀的教学。语文课堂是学生乐学善学的天地，是师生对话、交流、思想撞击的舞台，是教师热情参与、尽情投入、展现其生命活力的生活场所。

第三章 在问题解决的活动中建构项目式阅读模式

《普通高中语文课程标准（2017年版2020年修订）》指出："要有足够的课时保证学生独立自主阅读，设计促进学生个性化体验的阅读活动。""引导学生在语言文字运用的过程中发现问题，培养探究意识和发现问题的敏感性、探求性。""老师应提供阅读策略指导，适时组织经验分享和成果交流活动。""通过主题阅读、比较阅读、专题学习、项目学习等方式，实现知识与技能，过程与方法，情感态度与价值观的整合，整体提升学生的语文素养。"新课标强调学生的学习体验、自主学习、个性化阅读、研究性阅读，重视通过活动创设情境，激发好奇与期待，引导学生思考、交流，通过项目式学习研究，促进学生思考、探究、研讨，通过成果分享展示，帮助学生建构语文学习方法途径，树立正确的价值观，提升学生的语文阅读素养，浸润文化涵养。

我们在项目式学习教学中比较迷茫，对教师的要求很高，如融会贯通的能力要强，切入角要找准，问题设置要巧，任务群的设置要能激发起学生的思维点，让学生有兴趣、有欲望、有激情地进行思考。项目式学习的流程听起来很清晰，但操作起来却很艰难，很容易把群文阅读教学又变成了单篇文章教学，很难整合阅读与鉴赏、表达与交流、梳理与探究，所以，在问题解决的活动中建构项目式阅读模式具有必要性。这样，教师在教学中有一个清晰的教学路径，学生在阅读中有一个可循的阅读路径，在单元主题阅读、微专题阅读、

1+X阅读中有了完成任务和探究问题的"支架"，从而引领学生自觉地整合知识，建构阅读学习策略与路径，提升学生的学科素养。

我们在进行项目式学习研究教学中，聚焦项目、活动、建构、素养，创设情境，拓宽思维；设置活动，打开思考之门，促进研究，获取体验，建构方法，深厚素养。学生参与的方式灵活多样，有与语言的实际运用相结合的方式，如改写课本剧，给小说情节配音，拍短视频，给作品画插图，制作海报，撰写调查报告，开展辩论会或演讲活动，撰写辩论稿或演讲稿，跨媒介阅读与交流，探讨文学作品的时代意义，探究经典作品的当代传播与价值，1+X阅读，群文阅读，整本书阅读，当代文化参与，读书交流。

诗意课堂，问题导向下的项目式学习课堂教学改革，旨在以语文课堂教学理论为引领，以先进的阅读学习教学经验为参照，以信息技术为特色，以学科大概念为核心，以项目式学习为导向，以导学案为载体，以学生自主学习、合作探究为路径，以学生学习研究成果分享为亮点，以深度学习、提升思维品质为重点，厚实核心素养，浓厚学习兴趣，培养研究能力，创新语文学习课堂教学方法和教学模式，使语文阅读学习课堂教学结构化、智能化、可视化、数据化。

本课堂教学改革，综合各种方式评价项目式阅读的科学性、课堂教学方法创新的实效性，依据国家对人才要求评价教学设计的严谨性、任务群设置的精准性、情境创设的合理性，来提升学生的学科素养和人文素养。

一、打造问题导学下的项目式阅读模式

1. 打造了问题导学下的项目式阅读116模式

"1"明确学科大概念；"1"设置研究性群文阅读项目；"6"为学生自主策划项目，借助网络搜索资料，个性化阅读，任务驱动、小组合作研读探究，设置活动、创设情境、深入体验，研究成果分享，自行构建群文阅读途径。

2. 教学设计六个维度

教学设计六个维度为学情分析、教情分析、课标分析、项目实践过程、学习评价、教学评价。

3. 实践过程五大法则

实践过程五大法则为任务驱动、情境体验、建构途径、培养思维品质、提升核心素养。

4. 项目研究准则

项目研究准则为重视重点知识的学习和成功素养的培养，解决一个有挑战性的问题，进行持续性的探究，学生对项目要有发言权及选择权，学生和教师在项目中进行反思、评论与修正，项目化学习成果公开展示分享。

5. 项目活动资源

充分发挥互联网和人工智能的优势，提供多样化的学习工具和学习支架，借助互联网丰富的学习资源、强大的交互式学习平台，推进线上线下有机结合的混合模式学习。

6. 项目活动评价

组织学生开展自评互评活动，实现"教—学—评"的一致性，有效促进教和学的变革，充分发挥评价的激励作用。

7. 问题导向下的项目式阅读流程

问题导向下的项目式阅读流程如图3-1所示。

图3-1　项目式阅读流程

8. 问题导向下的项目式学习遵循的原则

问题导向下的项目式学习遵循的原则如图3-2所示。

图3-2　项目式阅读遵循的原则

9. 学科大概念引领，项目任务情境促研

学科大概念引领，项目任务情境促研如图3-3所示。

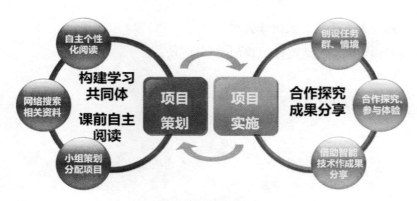

图3-3　学科大概念引领，项目任务情境促研

10. 项目式阅读的技术路线

项目式阅读的技术路线如图3-4所示。

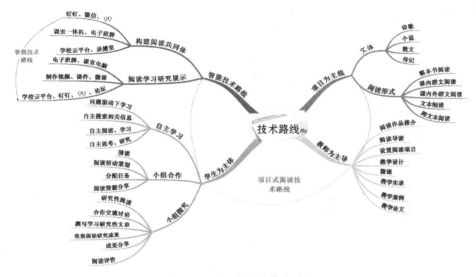

图3-4 项目式阅读技术路线

二、问题导向下的项目式阅读路径

教育部颁发的《普通高中语文课程标准（2017年版2020年修订）》明确指出：应使全体学生提高语文素养，形成良好的思想道德修养和科学人文素养，为终身学习和全面而有个性的发展奠定基础，为传承和发展中华文化、增强民族凝聚力和创造力发挥应有的作用。阅读教学是语文教学的灵魂，阅读使学生睿智，使人学会思考，辨别真伪，区别善恶，引人向善，使人有修养，使人高尚，能够滋养人的心灵；阅读可以使人形成正确的价值观，教化人，指引人。《朗读手册》强调："阅读是消灭无知、贫穷与绝望的终极武器，我们要在它们消灭我们之前歼灭它们。"让学生做一个自燃者，阅读至乐，使课堂富有生命。

阅读是学生核心素养形成的重要途径之一，也是丰厚学生的文学底蕴、提高学生文学涵养、培养学生良好品行的根本。海量阅读，博览群书，可以让学生悟恬美空灵的自然之息，诗意生活之真谛；可以磨锐学生头脑，让学生集思想、个性、神韵、理性于一体，制胜决断，了然于心；可以擦亮学生眼睛，让学生看清世间百态，在无奈与精彩、纷繁与平静中明辨是非、敏捷思维，使其能够镇定自若地智慧应对任何问题；可以让学生学会与人沟通，历史的残缺与完美，现实与世界，生活的苦涩与醉人，无不在阅读中相互融合又相互分离；可以培育学生的优良品行，让学生遵循内心的良知，珍惜美好。引领学生阅读，燃烧学生的阅读激情，是语文教师首要研讨的课题。

北师大教授赵希斌说："对于人类文明已经发展到当前高度的世界来说，文学表达的核心价值观应把人类引向何方？这是语文教学中有关价值观的一个根本性的也是最重要的问题。"而阅读教学在其中起着很重要的作用。

（一）学生阅读的现状

首先，习惯上。学生的文学阅读没有养成深入体悟的习惯。阅读作品，很多学生只注重故事情节，没有透彻地理解和感悟；喜欢阅读内容肤浅、幽默风趣、配有比较多的插图的读物，这些读物没有内涵，缺乏正确的人生观的引领，影响学生的成长，不利于语文核心素养的形成。

其次，时间上。学生认为阅读无机会，无缝可读书。高中学生学习内容多、难度大、任务重，大部分时间花在了作业习题或考试上，总感觉没有更多的时间来阅读，所以阅读量少、视野狭窄、思维单一，导致部分学生固执、逆反、偏激，随之而来的是理解、思辨、判断、鉴赏和审美能力薄弱。

最后，心态上。很多学生忽视文学的力量，不认为阅读可以抚平内心的焦虑。高中生因为学习难度加深，很容易出现焦虑、急躁、烦恼、苦闷的心理，单靠学生自身的能力，很难进行很好的自我调控，这是阅读少和不常阅读的缘故。文学可以抚平学生内心的焦虑，是高中生最好的心理调剂品。阅读经典作品，可以让学生懂得如何直面人生，面对挫折，面对困境，走出情绪的低谷，乐观积极地生活，努力勤奋地学习，理性宽容地待人。

（二）高中教师阅读教学的现状

1. 强调阅读的重要性，但不赋予学生乐此不疲的方法

语文教师都知道阅读的重要性。苏步青担任复旦大学校长时曾说："如果允许复旦大学单独招生考试，我的意见是第一堂课就考语文，考后就批卷子。不合格的，以下的功课就不要考了。"清华附小校长窦桂梅的一段演讲中也说："语文你都不行，别的是学不通的。"语文在学生成长中的重要性可见一斑，而阅读又是语文最重要的部分，高考的阅读题量大、分值高。高中语文教师虽然时时跟学生强调阅读的重要意义，但是没有赋予有效可行的方法，让高中学生能够自觉地进行海量阅读。比如，如何用零散时间来阅读，哪些内容有阅读价值，如何引导学生读有所得，如何通过阅读训练学生的思维，怎样的阅读方式才能引领学生探究思辨，如何让高中学生在这个特殊学段做到不忘海量阅读，怎样通过阅读带动其他学科的有效学习，等等，这些都是值得高中语文教师深思的问题。

2. 做好科任教师之间的协调工作，携手重视阅读

培根曾深有感触地说："书籍是在时代的浪涛中航行的思想之船，它小心翼翼地把珍贵的货物送给一代又一代。"

高中学生随着所学知识的难度加深，学识面的扩大，成绩容易起伏，情绪也会发生变化，要让学生始终保持学习的激情和战斗力，阅读起着重要的作用。高中语文教师往往只是自己绞尽脑汁，忽略了要做好科任教师的工作。语文教师应偕同科任教师一起来重视阅读，给学生思想指引，让学生充满斗志，以饱满的情绪进入高三的备考复习中。

第二次世界大战期间，大量青年应征入伍，是什么让士兵始终充满信心地留在战场上？是阅读。在战争期间，美国甚至提出"图书是战争的武器"的口号，把图书的重要性提高到与枪炮等战备物资同等重要的地位。这些图书鼓舞了士兵的斗志，让他们知道"为何而战"，最终赢得战争的胜利。

（三）阅读的重要性

语文教学是为了让学生未来能够"安身立命"，有高尚的情怀、美好的品行来延伸自己的生命，使学生在未来的生活中能够正直地活、奋勇地行，在困苦中能够自我安抚受伤的心灵，在艰难中能够给自己力量，在顺畅时能够让自己沉淀，这其中语文阅读教学必须担起责任。苏联教育家乌申斯基说："在民族语言照亮而透彻的深处，不但反映着祖国的自然，而且反映着民族精神生活的全部历史，人们一代跟着一代传下去，每一代生活的成果都保留在语言里，把各种深刻而热烈的运动的成果、历史事件的结果，信仰，见解，生活中的忧患和欢乐的痕迹，全部积累在民族语言的宝库里。"而要理解民族语言，用它来指导人生，必须大量地阅读民族文学，通过阅读可以使学生学会理解、思考、判断、选择、审判，和作者对话，带领学生走进社会，体悟、感受作者或作品中人物的人生经历、生活体会，并在以后的人生中进行比照，在比照中指导学生为人处世。这些作品无形中给了学生的一个灵魂安放之处，能更好地指引学生生活，涵养学生情怀，提升学生语文素养、文化修养。

我们所说的阅读，不是阅读庸俗的无文化涵养的碎片化读物，而是指阅读文学，具有民族魂的作品。阅读文学作品，品读经典，琢磨经典中的道理、规则、主张、思想，可以帮助学生厚实人文积淀，培养审美情趣，提升逻辑推理、理解迁移、筛选判断能力，阅读关联着个体的生命。新课标指出：要让学生在语言文字运用的学习中受到美的熏陶，培养自觉的审美意识和高尚的审美情趣，培养审美感知和创造表现的能力。国际阅读学会指出：阅读不跟上，人种会退化！一个国家、一个民族的竞争力取决于它的精神力，而它的精神力取则决于阅读水平；民族的精神力量不取决于人口的数量，而取决于人口的阅读质量。阅读能力的高低直接影响到一个国家和一个民族的未来。

（四）给学生提供一条阅读至乐的阅读途径

新课标建议："应根据课程标准各学段的要求，通过小组和班级交流、学习成果展示等活动，考查学生的阅读量、阅读面以及阅读的兴趣和习惯。"语文教师要创新教学方式引领学生进行海量阅读。

1. 巧设活动让学生阅读至乐

新课标特别点明"要关注其阅读兴趣与价值取向、阅读方法与习惯，也要关注其阅读面和阅读量，以及选择阅读材料的能力"。

（1）用活动激发学生阅读兴趣，点燃阅读激情

让学生动手创设文学作品宣传海报，创作文学作品推介词、人物形象颁奖词（或解说词），推出文学作品介绍卡，绘制文学作品书签、文学作品插图，给文学作品配音，撰写文学作品阅读笔记，等等，这些活动学生都很感兴趣，以实践活动来推动学生阅读，以达到阅读至乐的境界。

例如，有很多喜欢配音的学生，利用配音软件给文学作品配音，不仅可

以给课本中的精彩语段配音，如《故都的秋》《荷塘月色》《鸿门宴》《赤壁赋》，也可以给文学作品录制的电影配音，如《简·爱》《安娜·卡列尼娜》《战争与和平》《苔丝》《莫扎特》。学生特别喜欢听自己的配音，可以说是百听不厌，很是享受，也喜欢听同学的配音，课上放上一段同学的配音，同学们会特别安静，静心倾听，听完后总有发自肺腑的赞叹，促使其他同学也去尝试。通过配音的活动，让学生走进更多的作品世界。这也更好地印证温儒敏所说的："让语文教学贴近学生的生活实际，让课堂阅读教学往课外阅读延伸，让课堂内外的阅读教学相互交叉、渗透和整合，连成一体。"

再如，可以抓住季节时令进行阅读。借助谷雨诗会，中秋节诗会，重阳节手抄报，文化节经典朗诵，元旦小说评说，元宵节课本剧表演，掀起文化大宴。收集不同文体不同作家的文学作品，或是学生的自创作品，由朗诵能力强的同学代替朗诵，或全班同学参与，或小组呈现，或跨班跨级文学爱好者、朗诵爱好者诵读，读出真情实感，或邀请校广播室播音员、教师朗诵经典作品，可让学校乐器组的同学当场配乐，这样更有现场感、仪式感，更有触动性和震撼力，有利于点燃学生阅读的激情。

还可以通过课前演讲、阅读分享会、阅读沙龙、戏剧表演、替主角写信、给作者写信、改编剧本、角色名片的形式，点燃学生的阅读激情。

（2）撰写研究性论文，进行深度理解探究阅读，撬动学生的逻辑思维

撰写研究性论文，进行研究性阅读、整本书的深入阅读，通过理解、体悟、思考、研究可以撬动学生逻辑思维，灵敏学生的头脑，使学生聪明、博雅、视野开阔，能读书，有修养，善表达。

北京教育学院人文与社会科学学院吴欣歆认为："引导学生通过阅读整本书，拓展阅读视野，建构阅读整本书的经验，形成适合自己的读书方法，提升阅读鉴赏能力，养成良好的阅读习惯，促进学生对中华优秀传统文化、革命文化、社会主义先进文化的深入学习和思考，形成正确的世界观、人生观和价值观。"

开展整本书的阅读研究，教师可以有计划地给出几部名著，学生自由选择其中的一部阅读，选择相同作品的同学可以自由组合进行研读。学生充分利

用课内外时间静下心来，认真自主阅读，通读、精读、思考、探究、表达、交流，自行写出故事梗概，梳理文章结构，厘清人物关系，解读人物形象，探究人物精神世界，把握文本丰富的内涵和精髓，体悟小说的主旨和研究作品的艺术价值。

例如，在学习《逍遥游》时，进行拓展和深度阅读，开展研读《庄子》活动，要求小组合作撰写相关的研究性论文。

① 群文阅读，从《秋水》《逍遥游》《庄子两则》之中，探究庄子的艺术技巧。

② 从《秋水》《逍遥游》《庄子两则》之中，探究庄子的思想及智慧。

③ 探究《庄子》的散文特点。

④ 从庄子其人、人生境界、感悟与超越、认识自己、困境与出路、对待生死、坚持与顺应、本性与悟性、心态与状态、大道与自然十个方面，选择其中的两到三个方面，阐释《庄子》中所蕴含的智慧及其对现代生活的启示。

2. 教师精彩的阅读导读，引领学生阅读解码，给学生一个整本书阅读的撬动点

（1）以微课形式引领，精彩点拨，优化阅读过程，让学生读有所得，有效阅读

教师根据学生的需求录制的微课，可以是阅读方法的点拨，也可以是作品的片段欣赏，或是谈谈自己独特的见解，录制好后上传至班级微信群中，或教室中的一体机上，或发送到每个同学的平板电脑中。微课时间短，针对性强，就问题解决问题。学生可以移动性学习，根据自己的需要或个性有选择地学习，不会浪费时间，教师的精到点拨，可以使学生顿时开窍，提高学生的阅读效率，真正意义上起到指导性的作用，引领学生自主阅读，深度阅读，达到"阅读是最浪漫的教养，爱书的孩子永远不会寂寞"的效果。因此，用微课的形式来对学生进行阅读技巧的指导能起到很好的作用。

（2）以文化大讲堂的形式，引领学生群文阅读，或专题阅读

开设文化大讲堂，进行"悦读"推介，展示教师对整本书的解读方式，和对整部作品或群文的独特理解，以及独到的心得体会，通过多角度的思维，

深入浅出的分析，教会学生准确地把握作品的思想和作者的情感，体悟其价值性，并将阅读作品所得来的体悟用于指导自己人生，从而起到建模或引导的作用。

（3）专题导读式引领，比较提炼，活化思维，哲学思辨

高中语文新课程标准要求提出，高中语文阅读教学要"突出强调阅读的个性化与创造性"、"重视阅读在学生的文化构建中的意义"和"学习探究性阅读和创造性阅读"，"要强化立德树人教育，以人文主题为线索组织单元教学"。

用现实事例设置情境，让学生对科普文感兴趣，进而主动探究科学小品文介绍的对象，准确地解读目标。树立大语文观念，把实际生活引入课堂，用生活点燃学生的求知欲，再把所学知识运用到生活中，人生的成长中，以后进入社会的工作中，可以积极引导学生做一个正直的人、奋进的人，为民族的事业奋斗的人，正确运用社会效应，实现其人生价值、社会价值。

结合单元目标，精设探究题，通过问题撬动学生的思维，通过问题导读带动鉴赏审美，通过研究探讨，培养学生思维习惯，建立思维模式，建立规范，使学生真会、真深、真透，深入探究知识间的关系，构建知识体系。在引导学生思考中，要抓得准、析得清、点得透、落得实。

3. 精设问题情境，进行专题学习

例如，选择性必修上册，第一单元革命传统文学：

（1）"长征精神"这个主题贯穿本单元，"长征精神"在不同的文体中是如何表现的。

（2）本单元的作品，既抒发了深沉的情感，又表现出深刻的理性。选择一篇你认为最能体现这一特点的作品，赏析体会本单元作者是如何将感情抒发与理性表达结合在一起的，进行小组合作研讨。

再如，必修上册第六单元，《拿来主义》可以和《父母与孩子之间的爱》《短文三篇》进行群文赏读，以"思路蕴含思想、语言透视深度"为主线，串起本单元文章，引导学生群文赏读，借用WHWM思考法理清文章思路，领悟文章内涵，解读文章语言深度理解文章思想。

打造一个合适的阅读书目，创建浓厚氛围的阅读之室，构建睿智的阅读大

脑，以达到阅读至乐、生命课堂的境界，用阅读点燃生命。

三、高中语文PBL项目式阅读教学

随着社会的发展和时代的进步，人们对于教育越来越重视。近年来新高考深入人心，对于高中语文提出了更高的要求。这就意味着高中语文教师要在传统的语文教学中进行创新，不仅仅要关注高中生的成绩提高，还要注重对于学生语文思维的培养，因此运用高中语文PBL（Problem-Based Learning，问题式学习）项目式阅读教学模式是新时代教学背景下的新选择。

高中语文PBL项目阅读教学不同于传统的高中语文阅读教学，传统的高中语文教学主要是以学生为主体，教师发挥主导作用，以教师的课堂教学为主。但是，高中语文PBL项目式阅读教学模式能够最大限度地发挥学生的主观能动性，将学生的主体地位充分体现出来，通过让学生解决问题，在具体的实践过程中不断地锻炼高中生的语文思维。

（一）传统语文阅读教学中的问题

1. 阅读教学内容陈旧

传统的高中语文阅读教学中，教师一味填鸭式地将阅读素材和相关材料发放到学生的手中，让学生花费大量的时间进行阅读；学生阅读的目的性不强，再加上对于教师给的阅读材料不能及时进行详细的筛选，时间一长学生就会感到枯燥乏味、阅读压力大。这对于学生的阅读兴趣的培养十分不利，造成这种现象的原因是多方面的。部分教师有培养学生阅读兴趣的意识，也能够认识到阅读思维在整个高中语文学习过程中的重要程度，但是真正改变教学方式还是存在一定的难度的。学生对于老套陈旧的高中语文阅读教学提不起兴趣，主动性不强，不能够深入了解、进一步探索阅读材料的内涵，从而做不到学以致用。

2. 忽略学生的主体地位

现今的很多学校在进行高中语文的教学过程中经常会忽视学生的主体地位，各个学校的教师在进行教学方案的设计时往往千篇一律，采用同样的教学思路进行教案设计。高中语文教学不同于数学、物理等学科，对于日常素材的积累以及语文学科的核心文化素养的培养是十分看重的。但是，在进行教学的过程中，绝大多数高中语文教师还是将自身放在主要的位置，忽视学生的主体地位，用事先设计好的教学思路和步骤来面对学生课堂中的问题，按部就班地按照自己的教学思路进行课堂教学，这样学生对于每一节语文课的期待会大大降低，学生自身在语文阅读领域的创造性和想象力不能得到很好的发挥，创新思维不能够得到及时锻炼，这对于高中生的全面发展是非常不利的。

（二）PBL项目式阅读教学的主要内容

1. 让学生学会独立学习

想要更好地运用高中语文PBL项目式阅读教学方法要有一定的前提，这个前提就是教学内容要进行一定的优化和调整。教师要对于传统的一些教学内容进行一定的创新，打破固有的思维。根据新高考的要求，设计适合学生自身发展的、适合当代教学背景的、能够提高学生阅读探索兴趣的教学材料。与此同时，还需要注重教学内容的时代性、引导性以及实用性。通过设计创新教学内容，运用高中语文PBL项目式阅读教学方法，让学生在进行语文学习的过程中能够跳出教师给予的学习框架，又或者是在教师提供的学习思路上进行独立学习。在课堂教学的过程中，充分发挥学生的主体地位，给予学生充分的独立思考的时间和空间，对学生进行一定的有针对性的指导，有助于学生解决部分具体的问题，提高学生自身的问题分析能力和应对能力。

例如，在学习认识自我篇章中的《我很重要》一文时，整篇文章是采用欲扬先抑、入情入理、情理交融的写法，学生需要在学习的过程中正确认识自己的价值，学会热爱生命、珍惜生命、欣赏生命，能够在生活中或者其他的领域努力实现生命的价值。最关键的就是能够区分出"我很重要"和"以我为中心"的区别。首先，在教学过程中，教师可以利用PBL项目式阅读教学模式，让学生先从作者出发，通过课前预习了解作者毕淑敏的生平以及代表作，鼓励学生查询相关书籍，如通过图书馆查询、计算机查询等，锻炼学生的独立查询和思考总结能力；其次，在课上进行有意识的指导，想要学生通过文章进行价值观的树立，让学生通过多次对文章进行阅读，找到文章中的对于价值观描述的相关语句，提出一些有思考的问题，让学生将这些问题铭记于心，在进行阅读的过程中找寻答案。这个过程将学生的好奇心和对于未知事物的探索心理发挥到极致，逐渐让学生学会独立学习。

2. 七步法与阅读教学法进行有效结合

运用PBL项目式阅读教学模式进行教学，可以将七步法和阅读教学进行有机的结合。所谓"七步法"，就是从树立相关概念入手，对于提出的概念进行一定的假设，在经过一番激烈的头脑风暴之后，明确自身的学习目标，进一步进行自主学习和独立学习，通过学习找到相对应的知识内容，进一步总结知识体系，得到想要的内容。

例如，在进行《黄山记》的教学过程中，教师根据布置预习的一系列问题，了解学生对于这篇文章掌握到什么程度，哪些问题是难点，哪些需要重点教学。在进行教学的具体落实过程中，教师要发挥主导作用，突出学生的主体地位，师生之间相互合作，共同对文章进行细致的分析，进而解决以下问题：文章共分为几层？每一层描绘了黄山的什么特点，有哪些关键词？写黄帝飞升的传说有什么作用？每一部分之间是怎样衔接的？黄山的各种特点都是通过哪些关键词体现的？针对这些问题让学生进行思考和讨论，让学生分辨出有能力解决以及尚且不能解决的问题。有能力解决的问题提出方案，有困难的可以根据教师给出的相关建议进行思考，找到其中解决问题的办法。整个过程都要让学生深入学习文章的情感、技巧，对文章有较为全面的认识，而不只是停留在字面阅读的层面。

3. 分组教学集中反馈，实现教学目标

教师在进行高中课程内容的教学时，要鼓励学生进行分组学习和探究。学生通过分组学习，对文章相关的知识内容和教师提出的问题进行集中讨论，并且通过总结和集中表达的方式将分组学习的内容、状况、进度、出现的问题等反馈给教师。教师通过对每一个小组的反馈情况进行分析，分别提出有指导性的意见，再通过横向比较每一组的反馈内容，对于整个班级的学习进行一定的调整。

例如，教学《阿房宫赋》的时候，教师根据自己班级内学生的学习情况，将文章的翻译任务和具体的几个问题布置给每个小组，每个分析小组对于文章

的分析和认知都会存在着或多或少的差异，通过集中各组学生的反馈，找到比较大的难点进行集中讲解，极少数人的问题在课下进行单独指导，这样整个语文课堂的教学效果会更好。同时，总结每一组分析中的优点和缺点，对优秀的学生进行一定的表扬，发现每一名学生身上的闪光点，让学生明白《阿房宫赋》这篇文章的所有学习成果，都是所有学生共同努力的结果，从而让学生更加专注于学习本身。

通过运用高中语文PBL项目式阅读教学模式进行教学，能够弥补传统教学模式的不足，提高学生学习的积极性，激发学生的创新思维，不断地突出学生的主体地位，提高语文课堂的教学质量。传统的教学模式教学内容呆板陈旧，难以吸引学生的注意力，教师主导一切，开展填鸭式教学，效率较低。而PBL教学方法注重让学生独立思考，培养学生解决问题的能力，不仅将七步法和阅读教学进行有机的结合，帮助学生学会思考、解决问题，而且在具体的实践活动中实行分组教学，让学生集中反馈，根据反馈结果具体问题具体分析，实现从教会学生知识到教会学生学习的转变，不断提高学生的语文学科综合素质，促进学生全面发展。

第四章 问题导向下的项目式阅读课堂教学策略

问题导向下的项目式学习，通过问题驱动探究，情境激发情趣，活动激活能力，项目拓宽思维，整合建构素养，使语文课真正上出语文味。同时，重视践行教育部提出的"解题"到"解决问题"的转变，以问题、活动、情境、建构为抓手，"学疑参研展享评"为教学支架，让学生依据问题去探索和实践，在复杂情境中解决问题，从而获取语文学科素养和思维品质。

我们在进行问题导向下的项目式阅读教学时，有了模式，有了抓手，有了路径，只凭这些，教学还是会显得生硬而没有灵气，且缺乏诗意，还是不能很好地引领学生入境思考，不能有效地引导学生深度阅读、深度学习，也不能培养学生在复杂情境中解决问题的能力，所以，问题导向下的项目式阅读教学中的每一个教学方式必须细化，每一个环节都要细细琢磨，依据学生的认知规律、语文的特征性、作品的思想内涵、教材的编写特点进行设计，让语文课堂教学富有诗意，也富有哲理。

例如，学生阅读学习前的资料搜索，看起来很简单很容易，只要用网络搜索一下，把信息进行整理就行了，可学生要搜索哪些信息，怎么收集，以怎样的形式呈现，这些都是智慧，启发得好，学生以后对阅读学习会很有兴趣，启发得不恰当，或只是随着学生自己去搜索，没有指引，学生很难把搜索资料当作学习前必备的能力。学生如果没有对所学作品的作者的人生经历进行了解，也没有对作品创作的时代背景进行把握，更没有对作品的文学样式进行全面的掌握的话，就很难准确解读专题或微专题作品的深刻内涵，不能把握作品的主题和深远意蕴。

再如，在设置群文阅读、主题阅读、比较阅读的问题时，如果问题没有贯通性，就起不到驱动作用、引领作用，撬动不了学生的思维，推动不了学生的深层次思考，带动不了单元主题或学科大概念教学。设置阅读学习任务群，如果任务群只是任务的堆砌或是任务问题的拼盘，没有层次性、递进性，缺乏专题主题意识，只有语言和知识，没有思想情感和文化修养，只有文章的结构、写法、特色，没有整合性、综合性、探究性，那么我们的语文课堂教学就是纯粹在"解决问题"而失去了人文性，这样的语文教学就失去了真正的语文味。

又如，在设置情境活动时，如果教师没有根据作品内容来设置情境，那么情境就不能为活动提供背景，不能贴近学生的生活，情境的设置就会变得矫揉造作，失去情境应有的意义，学生最终还是不能产生好奇、探究、合作、交流的欲望，难以进入情境进行体会感受，从而难以真正掌握语文学科知识。活动的设置也是一样，活动是为了落实任务的。活动让学生在情境任务中更好地完成阅读与鉴赏、表达与交流、梳理与探究。如果活动的设置不能贴合学生的实际情况，不能围绕任务来创设，或与专题、主题阅读没有关系，那么活动就会流于形式，学生就不能在活动中有感受和体验，更难以在活动中建构阅读经验和策略。

综上所述，问题导向下的项目式阅读教学策略很重要。教学中各个环节的教学方式的精巧设置，都体现教师的智慧和精心。

一、项目式阅读的项目设置艺术

《中国高考评价体系》突出了对学生"思维认知能力（思维品质）"的要求和考核。"思维认知能力（思维品质）"是指学生在面对生活实践和学习探索问题情境时进行学科认知加工的、稳定的个性心理特征，是学生在秉持科学态度，运用严谨的理性思维和丰富的感性思维，发现新问题、运用新方法、解决新问题、获得新结论的过程中表现出来的思维能力，是激发个体好奇心、想象力，塑造创新人格所必须具备的能力基础。在语文教学中，项目式阅读活动能够很好地体现高考评价体系的要求，培养学生的思维能力和思维品质，提升阅读鉴赏能力和审美品质。而如何对项目式阅读的项目进行设置极为重要。

智能技术下的项目式阅读活动，以小组合作的形式，以学生为主体，师生共同参与，在完成项目的过程中互相交流学习思考探究，展现各自的独特思想。学生通过项目式阅读，可以培养团队精神，提高领导能力。在这个过程中，学生学会分配任务、提出问题、分析问题、解决问题，并用严谨的思路展示研究过程、分享研究成果，都可以很好地训练学生的思维能力。

新课程标准指出："积极利用信息技术以及身边的各种资源和机会，通过阅读与鉴赏、表达与交流、梳理与探究，积累言语经验，把握语言运用的规律，学会语文运用的方法，有效提高语文能力。"智能技术下的项目式阅读活动，充分利用智能技术，以各种独特方式调动学生的阅读兴趣，扩大学生的知识面，给学生思考研究带来空间，提供更多的资料和形式。教师引领学生以小组形式精心设置阅读项目，通过小组讨论制订实施项目计划，经过多种形式阅读研究，形成阅读共同体。

（一）充分利用智能技术设置阅读项目

新课程标准提出："把握信息时代新特点，积极利用新技术、新手段，建设开放、多样、有序的语文课程体系，使学生语文素养的发展与提升能适应社会进步和新形势的需要。"

设置阅读项目，要考虑信息技术因素，给传统阅读加入新的元素，才能更有效地起到拓宽学生阅读视野的作用。

例如，阅读《祝福》时，可以借助网络阅读，根据《祝福》拍摄的电影来设置阅读项目：将《祝福》文学名著和电影相结合进行比较阅读研究，比较两者在人物塑造技巧上的异同；从情节设置的角度上研究两者的独特性；借助智能技术，用模仿的口吻演绎《祝福》故事，把演绎过程拍成小视频，在直播课上和同学分享。

（二）根据阅读文本主题设置阅读项目

根据阅读文本主题来设置阅读项目，以此来带动学生去深入研究文本特色。

比如，《劝学》《游褒禅山记》《师说》三篇文章都谈到学习。《劝学》勉励人们要不停止地坚持学习，只有这样才能增长知识、发展才能、培养高尚的品德。《游褒禅山记》告诉我们，"尽吾志也而不能至者，可以无悔矣""此所以学者不可以不深思而慎取之也",无论是治学还是处事,都必须具有百折不挠的意志和"深思而慎取"的态度,只有这样才能取得成功的道理。《师说》,解说关于"从师"的道理,论述了教师的作用和从师学习的重要性,阐明了能者为师的道理,抨击了时俗轻视师道的不良风气。三篇文章出自不同年代的作家,他们都谈到有关学习的问题,可以从这个角度出发,把三篇文章串联起来设置阅读项目:认真研读《劝学》《游褒禅山记》《师说》三篇文章,进行课内群文阅读研究,写篇研究性文章,正标题是"穿越时空的对话,致敬文学巨匠",副标题自行拟写,可以针对这三篇文章的主旨思想、论证艺术技巧、语言风格等方面进行阅读研究。

(三)根据阅读文本情感色彩设置阅读项目

在课内文章串联研读时,可以根据相同情感色彩来设置项目。比如,我们学习过郁达夫《故都的秋》、杜甫《秋兴》《登高》《茅屋为秋风所破歌》《月》、马致远《天净沙·秋思》、张继《枫桥夜泊》、范仲淹《渔家傲·秋思》、白居易《琵琶行》、李清照《声声慢·寻寻觅觅》、曹丕《燕歌行》等。自古以来,无数骚人墨客的作品中,都郁积着浓浓的悲秋情结。"自古逢秋悲寂寥",悲秋是中国古典文学的主题之一,是中国文学中表现最多、最丰富的情感。请以"中国文人的悲秋情结"为正标题,自行拟写副标题,进行研究性阅读,并以小组为单位写篇研究性文章。

(四)根据阅读文本的艺术技巧设置阅读项目

例如,高一学生鉴赏咏史诗时,我们可以从艺术技巧的角度来设置阅读项目。咏史诗是中国诗坛一道亮丽的风景,要求同学们以杜甫《咏怀古迹(其三)》、李商隐《马嵬》、刘禹锡《石头城》、杜牧《赤壁》等咏史诗为例,对咏史诗的意象特色、史事选取角度、思想、情感、艺术技巧的奇特性等,选取其中的一到两个角度进行研究鉴赏,和唐代诗人一起畅想抒怀,撰写好阅读研究性文章。

再如,以《祝福》《记念刘和珍君》《孔乙己》或其他你读过的鲁迅小说为例,来和鲁迅畅谈设置故事情节的手法。

又如,《祝福》刻画祥林嫂的技巧与《红楼梦》刻画人物的技巧有何异同，鲁迅与曹雪芹的各自优势在哪儿?

(五)跨文本比较阅读研究设置阅读项目

我们可以从跨文本阅读的角度来设置阅读项目。比如，阅读《红楼梦》第三回时设置阅读项目：从艺术技巧、人物形象的塑造、表达主旨的角度、语言风格等方面，对《红楼梦》第三回文学作品与影视作品进行比较阅读研究。

充分利用智能技术进行项目式阅读活动，加强实践性，注重时代性，放手让学生合作探究、思考创新、敢于质疑、勇于思辨、获取知识和阅读的思维，进而提升学生的思维能力和思维品质，增厚文化底蕴。在这其中老师精心设置的阅读项目，激发学生的阅读激情，调动学生的研究动力，起到尤为重要的作用。

二、项目式阅读拓宽思维

高中语文项目式阅读研究活动，以项目拓宽思维，用活动厚植素养，以"学习任务"为核心，项目式阅读为主线，科学设置项目为生命，以教师点拨引领为主导，学生合作交流为主体，以整本书阅读深刻思想，主题阅读开启单元教学，1+X阅读拓宽视野，以研究实践活动为主要教学形态，以阅读分享为提升，凸显新课程标准，通过研究活动获得阅读体验，自行建构阅读途径和方法，深化阅读鉴赏教学，提升审美能力、思维品质，培养核心素养。

《普通高中语文课程标准（2017年版2020年修订）》指出，"要有足够的课时保证学生独立自主阅读，设计促进学生个性化体验的阅读活动""引导学生在语言文字运用的过程中发现问题，培养探究意识和发现问题的敏感性、探求性""老师应提供阅读策略指导，适时组织经验分享和成果交流活动""通过主题阅读、比较阅读、专题学习、项目学习等方式，实现知识与技能，过程与方法，情感态度与价值观的整合，整体提升学生的语文素养"。

新课标重视意识形态在语文教学中的渗透，强化选材的文学性、课堂教学的灵动性，强调学生知识的运用、学习策略的建构，注重学生自主学习能力、合作交流探究能力的训练、思维能力的培养，指导学生提升阅读审美与创造能力、深化中国传统文化、学习中国革命传统文学、厚植爱国情怀和奋斗精神。

项目式阅读研究聚焦项目、活动、建构、素养，创设情境，拓宽思维；设置活动，打开思考之门，促进研究，获取体验，建构方法，厚植素养。把活动引入阅读，使语文学习多元而立体、丰富而深刻；把研究引入阅读，能更好地激发学生阅读内驱力，培养其独特的视角、严谨的思维、深邃的思想，促使学生拉动思考的链条，迸发出激烈的探究的火花。师生群动，构建阅读共同体，使阅读高效富有生命力，凸显语文的人文性、生活性。

项目式阅读研究活动，借助微信、钉钉、微博、QQ、班级群、小组群、学校云平台等构建阅读共同体，创设情境，科学设置阅读研究项目，培养学生在面对情境中复杂问题时分析、探究、解决问题的能力，同时给学生充足的活动空间。项目式阅读研究活动激发了学生的生活体验，引发了学生多元思考与立体探究，深入比较异同，凸显、拓宽学生的阅读思维，激发学生的阅读研究期待，使其获取丰富的阅读体验，深化阅读感受，自行构建阅读思路。

（一）项目设置激活思维

1. 扣住主旨设置项目，捕捉撬动点

根据阅读文本主题来设置阅读项目，捕捉学生阅读研究思维的撬动点，激发学生思考，促进学生深入阅读研究作品。

例如，《苏东坡传》阅读研究项目：读书三境界，为知，为己，为人。阅读《苏东坡传》，探究苏轼诗词是如何体现这三境界的。图4-1为苏轼诗词精神之风骨思维导图。

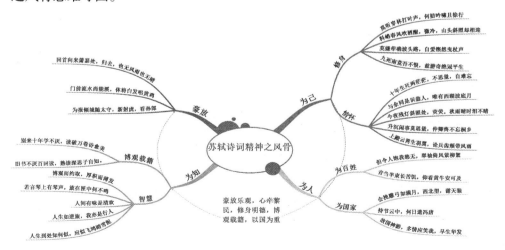

图4-1　苏轼诗词精神之风骨思维导图

2.异中求同确定项目，抓住联动点

准确抓住不同文章的关联点，确定阅读研究项目，横纵挖掘思维，拓展阅读的宽度。

例如，《杜甫诗三首》阅读鉴赏项目：写景诗《登高》《秋兴》、咏史诗《咏怀古迹（其三）》，这三首诗是诗人漂泊西南时期所写，都寄寓了诗人悲人生之秋和国运之秋的情感，诗人在人生经历中艰难跋涉，他人生的悲苦情怀是如何在诗歌中体现出来的？深入探究诗人的悲苦情怀。图4-2为杜甫诗歌的悲苦情怀思维导图。

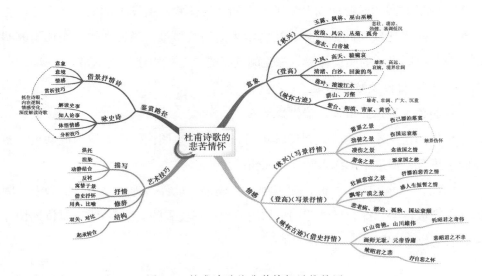

图4-2　杜甫诗歌的悲苦情怀思维导图

例如，人教版必修四第三单元有三篇文章，《拿来主义》《父母与孩子之间的爱》《短文三篇》，以异中求同设置项目，拓宽学生阅读思维：这个单元文章是如何体现"思路蕴含思想、语言透视深度"这个特点的？（见表4-1、表4-2）

表4-1　思路蕴含思想

篇目	思路	语言	相同点
《拿来主义》	先破：批驳他人的观点 后立：亮出自己的观点 立中又是先破后立	犀利、幽默	丰富的内涵 深邃的思想 敏锐的思维

续表

篇目	思路	语言	相同点
《父母与孩子之间的爱》	横纵交织、辩证分析	通俗易懂、哲理性	形象的语言 哲理思考 理性解读 以小见大
《短文三篇》	热爱生命：对比，对死亡的态度 人是一根有思想的苇草：比喻 信条：以小见大	贴近生活 简明朴素	

表4-2 语言透视深度

篇目	技巧	例句	语言透视深度
《拿来主义》	比喻	把文化遗产比作鱼翅	对遗产或外来的东西，我们要占有、挑选、创新
	排比	徘徊不敢走进门，是孱头；放一把火烧光，算是保存自己的清白，则是昏蛋……接受一切，欣欣然的蹩进卧室，大吸剩下的鸦片，那当然更是废物	
	反语	活人替代了古董，我敢说，也可以算得显出一点进步了	
	讽刺	能够只是送出去，也不算坏事情，一者见得丰富，二者见得大度	
	幽默	我在这里也并不想对于"送去"再说什么，否则太不"摩登"了	
	犀利	这种奖赏，不要误解为"抛来"的东西，这是"抛给"的	
《父母与孩子之间的爱》	通俗性	母亲对婴儿来说就是温暖，就是食物	爱是人格的整体展现，要发展爱的能力，则需要努力去发展自己的人格，只有学会爱的人，才能够爱，并且获得别人的爱，健全人格，构建自己健康而成熟的灵魂
	哲理性	如果一个人只发展父亲的良知，那他会变得严厉和没有人性	
	生动性	母亲是我们的故乡，是大自然、大地和海洋	
《短文三篇》	生活性	我想凭时间的有效利用去弥补匆匆流逝的光阴	热爱生命，热爱生活，让生活过得丰盈充实；人本身很脆弱，应该努力地好好思想；生活中要遵守规则，快乐，友爱，认真做事
	朴素性	我真正需要知道的一切，即怎样生活，怎样做事和怎样为人	
	哲理性	只有乐于生的人才能真正不感到死之苦恼	
	生动性	人只不过是一根苇草，是自然界最脆弱的东西，但他是一根能思想的苇草	

3. 假他人之语拟定项目，揪住深化点

借助与阅读文本相关的他人的描述、诗句、评论拟定项目，多角度分析鉴赏，磨砺思维的深度。

例如，《苏东坡传》阅读研究项目：林语堂在《苏东坡传》序中说："苏东坡是个秉性难改的乐天派，是悲天悯人的道德家，是黎民百姓的好朋友。"苏东坡去世后，南宋皇帝评论他："养其气以刚大，尊所闻而高明；博观载籍之传，几海涵而地负；远追正始之作，殆玉振而金声；知言自况于孟轲，论事肯卑于陆贽？"林语堂评论苏东坡："他的人品道德构成了他名气的骨干，他的风格文章之美则构成了他精神之美的骨肉。"请你阅读《苏东坡传》，以苏东坡的作品（诗、词、赋）为例，进行赏析探究。

4. 跨媒介比较阅读研究创设项目，开启发散点

跨媒介比较阅读，让学生清晰地看到不同的媒介在表达同一个主题、同一个故事时，都可以有不同的技巧与艺术，可以激发学生更多角度的思考与研究。

例如，将《大卫·科波菲尔》小说与相应的电影片段进行比较阅读鉴赏，在少年大卫·科波菲尔勇于面对生活的苦难，通过劳动来创造美好生活这点上，你更喜欢哪种方式来表现大卫·科波菲尔的奋斗精神，说出自己喜欢的理由。

例如，婉约词与小提琴曲《梁祝》比较鉴赏，从词句与旋律上领悟长句和大小提琴和鸣对婉约柔情抒发的效果；豪放词与电影《八佰》、钢琴曲《命运交响曲》比较鉴赏，探究抒发豪放情怀的手法，短句形成的有力与快节奏、影片的激烈场面、交响曲的高亢激昂对抒发豪情壮志、旷达情怀的效果探究。

5. 微专题群文阅读研究创设项目，激发创新点

例如，选择性必修上册第二单元中华优秀传统文化，通过学习先秦儒道墨对社会人生的洞察，思考其思想学说对立德树人、修身养性、立身处世的现实意义，感受儒道墨的论说风格，理解各家论说的方法，领悟其妙处，选择其中你最喜欢的一家论说风格进行深入研究，写成研究性文章，和学校同学交流学习。

（二）项目策划扩展思维

1. 项目式阅读研究活动有效教学路径

项目设置精巧、科学，紧扣主旨，异中求同，假他人之语，跨文本比较，

"赏"艺术技巧。

阅读导读重听、观，包括教师阅读导读、学生阅读导读、专家阅读讲堂、观视频导读。

资料搜索重查、找，包括网络搜索、视频搜索、教师提供资料、学生提供资料。

项目策划采用横纵交织、追问式的方法，横纵式确定研究角度，追问式确定研究角度，小组分配研究任务。

个性化自主阅读重读、悟，包括建构阅读共同体，美读、细读、泛读、圈读、批注式阅读。

交流探究重对话、畅谈，包括小组合作、生生线上线下合作探讨、生生课上课下交流探究、师生共同研讨。

创设活动促学生体验、感受，包括现场朗诵、录制朗诵视频、辩论、作品表演、演讲、诗词演唱。

成果展示重撰写、建构。阅读研究性论文，仿写诗词，把小说改成课本剧，把诗词改写成散文，阅读研究成果课件、视频，阅读专题手抄报，给作者写小传，画作品海报、插图，制作作者介绍卡、书签。

图4-3为项目式阅读研究有效教学策略思维导图。

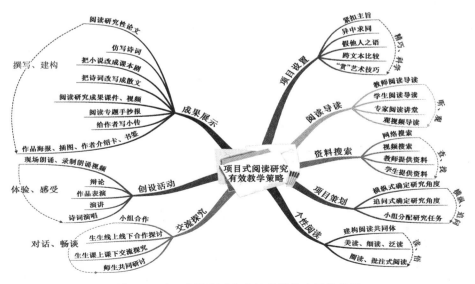

图4-3 项目式阅读研究有效教学策略思维导图

2. 横纵交织式项目式阅读研究策划

多角度分析，横纵发掘阅读项目，使阅读研究走向广度、深度。图4-4为学生对李清照词的浓郁愁绪情结探究策划思维导图。

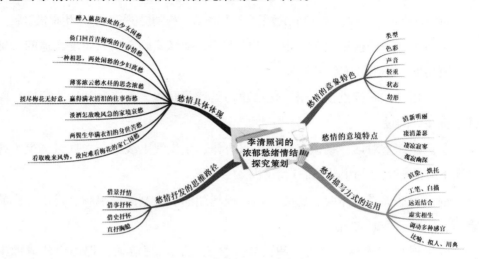

图4-4　李清照词的浓郁愁绪情结探究策划思维导图

3. 追问式项目式阅读研究策划

追问式策划阅读研究项目，引领学生理清思路，由浅入深，层层深入，研究深透。例如，中国文人怀古咏史诗艺术技巧以及《论语·言而有信》的探究，都是按追问的思考路径进行探究策划的（见图4-5、图4-6）。

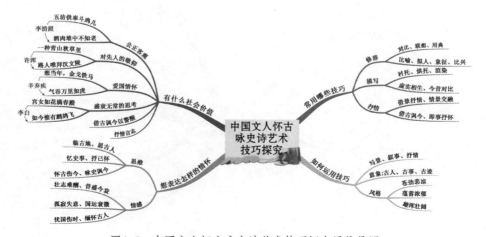

图4-5　中国文人怀古咏史诗艺术技巧探究思维导图

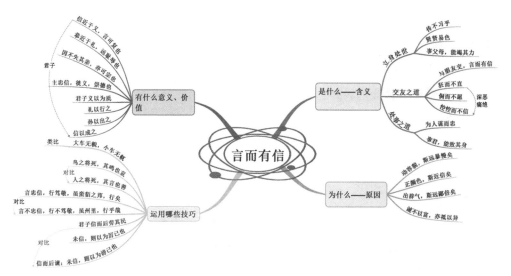

图4-6　《论语·言而有信》思维导图

三、项目式阅读活动创设

要让学生完成阅读研究项目，我们要遵循文本的特点、学生认识规律，提供给学生阅读相关的资料，设置各式各样的阅读活动，创设阅读情境，通过活动让全体学生踊跃参与阅读与探究，在活动中获取阅读体验和感受，构建阅读知识体系和阅读路径，学会解决现实中的实际问题，使语文阅读人文化、生活化，提升阅读审美鉴赏素养。

（一）活动获取阅读体验，广博阅读素养

1. 听导读浸润文化知识，观视频拓宽阅读视野

听导读，指通过阅读推介会进行阅读导读，老师导读推介，学生阅读导读，专家悦读讲堂，学生收集美文集，美文阅读推送；观视频，指观看作者人生故事，触发学生好奇心理和探究的意愿，拓宽知识文化视野，浸润素养。

例如，阅读赏读李清照词、杜甫诗，可以进行"走近李清照""诗圣杜甫其人"阅读推介，或观看《经典咏流传》中的"千古第一才女李清照"。

阅读《苏东坡传》，先观看大型人文历史纪录片《苏东坡》视频："雪泥鸿爪""一蓑烟雨""大江东去""成竹在胸""千古遗爱""南渡北归"。视频以苏轼被贬谪黄州四年的生活为线，从文学、艺术、美食、情感等多个维度，展现其一生的心路历程，解读苏东坡生命感悟和艺术升华的过程。

2. 读经典收获语感情怀，演经典涵养人文素养

通过阅读经典，围桌阅读，倚树而读，亭中阅读，泛读、细读、精读，批注阅读，圈点阅读，微信、钉钉直播中阅读，精彩片段配音读，配乐朗读，录制朗读视频，大声读、高声诵、盛情咏，在阅读中获取作品的韵律语感，内化作者情怀。

以阅读为本，深度理解作品内涵，体悟丰富的思想，蕴含的哲理，琢磨人物形象，演绎经典作品，在表演中感受人物心理，体会人物性格，审辨人物处事的方式，在特定情境中探寻解决问题的方法，通过表演涵养人文素养。

例如，《廉颇蔺相如列传》，学生自选一个情节进行课堂片段表演；《祝福》，分组模拟法庭评判谁害死了祥林嫂；《红楼梦》第三回《林黛玉进贾府》，学生给电影中的王熙凤配音；《平凡的世界》，小组自选一个情节改编成课本剧，进行表演，边上同学分角色配音；模仿央视《经典咏流传》的方式演唱词，或依词配乐演唱，如《如梦令·昨夜雨疏风骤》《月满西楼》《定风波》《念奴娇·赤壁怀古》，感受词的艺术魅力。

3. 畅谈获取独特的感受，对话成就阅读鉴赏素养

学生阅读作品后进行小组合作探究，在线上、线下，课上、课外，钉钉、微信，每个同学畅谈自己的看法与感想，交流思想，彰显个性化阅读，说出自己的见解，展现对作品的独特视角，建构阅读途径，形成适合自己的阅读方法和良好的阅读习惯。

在阅读中对话，包括和同学、老师对话，和作者、作品中的人物对话，在对话中深入理解，提升分析人物形象、把握人物精神世界、体会作品主旨、理解文章精髓、赏析艺术技巧等阅读鉴赏素养。

例如，如果你是白居易，给新时代的青年写一封信，如《以文常会友，唯德自成邻》《休待梦想成追忆》；如果你是白居易，给琵琶女写一封信，如《不是一见如故，是久别重逢》《年少成名，今日悲愁何相似》《金声玉韵，蕙心兰质》《似流水遇知音，境遇与共存》；你给白居易写一封信，如《诗中居易恰自来》《一曲琵琶，伤怀于诗中》《踏风帆无言，却领风骚数百年》。

4. 发展思维建构阅读经验，增强探究能力，提升阅读综合素养

学生带着生活体验、用生命感受阅读作品，撰写阅读研究性文章，读思研写相融合，深入把握作品意蕴，深度解读作品，体悟语言风格，提升思维品质，探究人文价值，增强分析问题的能力，形成适合学生自己的阅读方法和经验，建构阅读策略，形成正确的世界观、人生观、价值观，提升阅读综合素养。

运用比较法、WHWM思考法画出思维导图理清文章脉络，深度解读文本，如图4-7～图4-9所示。

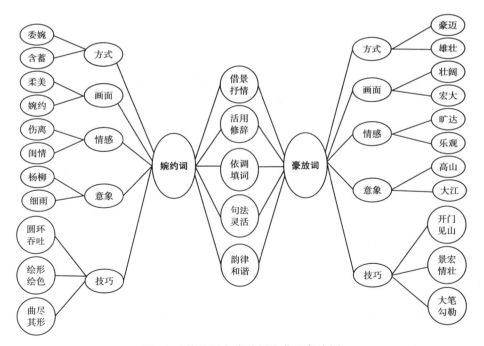

图4-7 婉约词与豪放词比较双气泡图

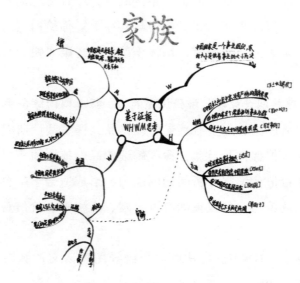

图4-8 《家族》思维导图

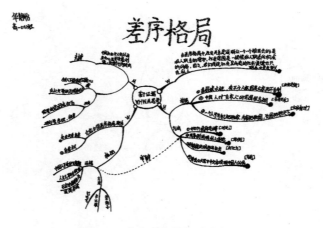

图4-9 《差序格局》思维导图

例如，《红楼梦》整本书阅读，设置研究题拓宽学生思维，引领学生深入探究。如《红楼梦》的服饰繁多，款式多样，布料质地各异。作者精心设计，人物与服饰契合，性格与服饰相匹配，服饰与封建之"礼"相吻合。小说的服饰中蕴含了哪些"礼"？

（二）分享整合阅读知识，培育审美鉴赏与创新素养

阅读研究成果分享是项目式阅读中一个很重要的环节。学生分享自己的研究成果，既是对自己的研究过程、态度的一种自我认可和自我激励，又可以通过其他同学对自己的研究成果的肯定，来激发自己学习研究的更大激情，还可以获得其他同学或老师对自己的研究成果的建议与点拨，让自己在以后的阅读学习研究中能够不断的修正和提升。

例如，学生给《故都的秋》创作的书签和作品介绍卡（见图4-10、图4-11）。

图4-10　《故都的秋》书签

图4-11　《故都的秋》作品介绍卡

再如，学生阅读研究作品分享：《走入古人心中，探索咏史微妙——论意象与艺术技巧》《咏古伤今知多少，花落满园忆曾经——奇特性和思想》《千古兴亡多少事，叹人叹己叹人生》《远去不逢青海马，力穷难拔蜀山蛇——李商隐的咏史诗的情感》；《良工琢玉方是精雕细琢出风采——〈红楼梦〉影视与文学作品比较阅读研究》《贾宝玉：纵然生得好皮囊，腹内原来草莽》《林黛玉：寄人篱下的伤怀孤独》《林黛玉：孤标傲世为谁隐，一样花开为底迟》《王熙凤：精明能干却狡黠狠毒》《薛宝钗：圆滑下的无奈和悲惨》；《从山水游记散文看古代贬官文化》；把《雨霖铃》改写成散文，仿写《过秦论》，为李清照写诗，仿写诗歌；等等。

（三）教学思考

1. 存在的问题

教师设置阅读项目不精准，创设活动缺乏情境，没有调动学生阅读研究的情趣，项目策划不科学，角度不鲜明，阅读研究路径不明晰，没有给学生提供阅读研究策略的指导。

2. 解决的措施

对学科班长和小组长进行培训，制定小组评价机制，设置符合学生认识规律的富有启发性、形式多样的阅读项目，给学生一个明晰的项目式阅读研究活动路径，通过丰富有趣的阅读导读来激发学生的阅读兴趣与期待，引导学生横纵交织、辩证、创造性地研究探讨。

让项目拓宽思维，用活动提升素养，从学生阅读实际出发，引导学生自主阅读鉴赏，深入探究，建构阅读方法和路径，提高学生的研究能力、思维能力和思维品质，形成健康的审美情趣与鉴赏品位，以及高效的阅读教学。

四、项目式阅读活动情境创设——以高中语文新教材必修下册第六单元小说群文阅读教学为例

《普通高中语文课程标准（2017年版2020年修订）》指出："重视以学科大概念为核心，使课程内容结构化，以主题为引领，使课程内容情境化。"高中语文小说教学任务的设计与情境创设指向学科大概念下的文本深度解读，以

学科大概念为核心，任务为驱动，情境为依托，项目为载体，教师点拨引领为主导，学生合作探究为主体，使学生通过参与感受，能够自行体会感悟、培养研究意识、强化思维能力、提高阅读鉴赏能力、提升审美素养。

高中语文新教材强调学科大概念，重视学科基础知识和必备能力，以及学科素养，凸显了语文的育人观，促进教师教学观念的更新，对教师的教学方法要求更加艺术性。教师的备课时间长，付出的精力多，思考的程度深，钻研的力度大，所用的技巧，统整知识的能力强，深读文章的要求高，收集的相关资料多，更重视任务的导学、情境的引领。语文阅读教学严格要求教师，要密切围绕语文学科大概念进行教学任务的设计与情境的创设，重整知识，使知识结构化、内容情境化，通过任务导引学生有序研读，创设情境引领学生参与体验，在体验活动中建构知识和方法，更有效地培养学生的语文学科素养。

《中国高考评价体系》重视学科大概念，突出了对学生"思维认知能力"的要求和考核。"思维品质"的培养，强调学科大概念的引领，打通篇章，要求学生在比较中进行个性化阅读，激发阅读探究力，挖掘内在的理解潜力，通过情境活动体验实践，运用严谨的逻辑思维分析论证和阐述观点。高考导向要求教师要在学科大概念下进行教学任务设计和情境创设，培养学生审美鉴赏能力和逻辑思维能力，提升学科素养。

从教师层面看，教学形态发生了很大的变化，从单篇教学到大单元教学，主题、专题、微专题教学，教材形式科学组合，有学科大概念、单元目标、单元学习任务，有导读、教读、个性化自读、课外拓展阅读、读写结合。"三新"视域下的语文教学以崭新的面貌出现，对教师形成极大的挑战。教师面对新的教学形态，要明确如何进行知识整合，怎样引导学生全方位搜索资源，如何充分利用互联网资源帮助学生学习，如何做到遵循学生的认识规律设计教学任务、创设活动情境、启发学生深度思考、探究语文学科相关问题，以提升学生的基础知识和必备能力、拓宽深度阅读、丰富文学鉴赏经验。

从学生层面看，学生从原来的浅层学习到沉浸式学习，从单篇学习到群文阅读，从教师教着学到自主学，从课内学到课外拓展学，从篇章阅读到整本书阅读，从同文体阅读到跨文体阅读，从用单一思维学习到高阶思维学习，从理解知识到思辨性判断，从简单的认知到众多思想的联系。

新教材、新课标、新高考对教师的教学提出了新的要求。教学必须以学科大概念为核心，重新整合知识结构，通过任务引领、情境体验，引导学生自主学习、合作探究、研究分享、建构方法，培养学生良好的思维品质，提升学生的阅读鉴赏能力。

在学科大概念视域下进行语文教学任务设计和情境创设，能更好地激发学生的鉴赏内驱力，让学生能够客观理性地穿行于各篇章之间，生成独特的视角、严谨的思维、深邃的思想、丰富的内涵，促使学生拉动思考的链条，师生群动，构建学习共同体，使学习高效、富有活力，从而提高学生的思维品质和审美鉴赏能力，凸显语文的人文性、生活性，促进教师观念的转变。

为此，我采用了三维度阅读教学法。以统编版新教材必修下册第六单元为例，进行"学科大概念引领，创任务情境促研"阅读教学。此单元主题是"社会与人生"，由鲁迅、施耐庵、契诃夫、蒲松龄、卡夫卡等作家的作品组成。其共性在于对社会现实的讽刺或批判。

（一）以学科大概念为核心设计语文教学任务与创设情境

学科大概念可以更新教学内容，确定大单元或群文主题，明确学习目标，清晰学习任务，建立课堂支架，在此基础上引导学生进行任务设置与策划，完成小组合作探究，撰写阅读研究文章，进行成果展示与阅读研究分享，构建大语文学习体系。

设计教学任务和情境创设，必须立足于学科大概念。统编版新教材必修下册第六单元的导语明确了本单元命题——知人论世对认识人物的形成和发展的作用，艺术手法对小说人物形象的塑造、情节设置的魅力。

根据学科大概念，我把《祝福》和《乡土中国》相结合，重新整合小说与学术论著知识结构，进而设计教学任务和创设情境。

例如，项目设计：从费孝通的《乡土中国》中《礼治社会》的"礼治"来看《祝福》环境决定人物命运现象。此项目可带领学生用《祝福》的具体事例来解读《乡土中国》的"礼治"这个抽象的理论，引导学生学会跨文体阅读。

再如，人物来自古今中外的作家作品，祥林嫂、林冲、别里科夫、成名这四个人物都装在了套子里，这套子分别是怎样的套子？套子能否承受其生命之重？给其中你最感兴趣的人物画张人物画像。

情境创设：社会现实复杂多样，人间世相千姿百态。学校举行"品读经典，省察人生"中外经典小说系列活动，请你对推选的祥林嫂、林冲、别里科夫、成名四位"套中人"典型代表来设计海报。

又如，英国作家哈代提出环境决定论和人物性格决定论，请结合本单元小说人物的命运，开展课堂辩论会，请同学们选择一方为之写辩论词。

以上教学任务或情境的创设都以学科大概念为核心，抓住单元大命题来设计，形成学习主题，能有效地打通群文、统领单元。通过任务导向，学生带着问题，自觉利用互联网搜索相关文章，进行个性化阅读，拓宽学生的阅读思维，激发学生的阅读兴趣。

（二）以深度解读文本内容为目的设计语文教学任务与创设情境

1. 以小说阅读必备能力为撬动点设计教学任务与创设情境

学生要具备的小说阅读必备能力，包括对小说情节设置艺术的分析，人物形象的鉴赏，环境描写的作用，标题的意蕴解读，主旨的理解能力，作家文学样式的把握，等等。我们借助"互联网+"，运用思维导图工具让小说思维可视化，使复杂的内容条理清晰，脉络清楚，呈现作者思考的痕迹，引领思维走向深刻，培养学生良好的思维品质，进而达到深度解读小说内涵、用阅读指导人生的目的。

可以运用比较法、WHWM思考法画出思维导图，理清文章脉络，使思维可视化，深度解读文本，准确把握人物形象。

例如，任务设计：请同学们用思考法阅读本单元作品，选取其中使你感触最深的作品，应用基于证据的WHWM思考法画出思维导图。

再如，从本单元文本中选取两篇文章进行比较阅读，用双气泡图展示塑造人物技巧的异与同。

又如，用思维导图或表格的形式分别展现四篇文章的情节思维脉络，探究它们是如何通过情节的发展来塑造人物性格的。

情境创设：鲁迅说，悲剧是"将人生有价值的东西毁灭给人看"，祥林嫂的勤劳纯朴、林冲的正直仁义，都是"有价值的东西"，却遭到了现实的摧残和毁灭。喜剧是"将无价值的东西撕破给人看"。例如，别里科夫一生装在套子里，最后在套子里死去。结合本单元作品，在学校文学论坛上分享自己对悲剧、喜剧的思考。

2. 以小说艺术技巧为切入点设计教学任务与创设情境

本单元的学科大概念，是鉴赏小说的情节、形象和环境描写，掌握艺术手法在小说中的妙处。本单元小说风格不同、时间各异，语文教学中，笔者以学科大概念为核心，以小说艺术技巧为切入点设计任务与创设情境，引领学生参与活动，亲身体验，感受体会，准确把握小说的艺术特色，提升阅读审美能力。

任务设计：摇摆式情节技巧常常激化小说情节，使文章摇曳生姿，《祝福》《林教头风雪山神庙》《促织》这三篇小说情节扣人心弦、引人入胜，小说是如何在"摇摆"中强化了主人公命运的悲剧意识并揭示小说主题的。

情境活动设计：你最喜欢本单元小说中的哪个情节？请你在全校读书会上作小说推介发言，并对所选情节进行课本剧表演，或给小说配上插图，或以小剧场漫画形式呈现。

3. 以单元人文主题为契机设计教学任务与创设情境

本单元的人文主题是"知人论世，探索人生步正道"，深入解读小说的人物形象，赏析故事情节，比较分析探究造成人物命运的根源。我们以单元人文主题为契机设计情境活动。

任务设计：祥林嫂和林冲，都是命运波折之人，在自己的人生中，祥林嫂进行了抗争但没有成功，最后被桎梏，惨死于大雪之中；林冲一忍再忍，忍无可忍，最后迸发激烈的反抗，走上梁山之路。对此，你认为是谁把他们逼上了绝路？

情境创设：根据本单元小说，班级开设阅读大讲堂，活动中给小说故事片段配音，借助智能技术制作课件或视频进行小说欣赏。

4. 以阅读创作为学科素养提升设计教学任务与创设情境

新教材教学要重视对阅读教学的评价，尊重学生的阅读思考，分享学生的阅读成果。

任务设计：撰写阅读研究文章，探讨如果阿毛没死的话，有儿子的陪伴，祥林嫂是不是就能生活得很幸福。

例如，可选本单元其中一位作家，给作者写一封信，与作者畅谈情节设置对人物塑造的价值。

再如，你认为《祝福》《林教头风雪山神庙》《装在套子里的人》三篇文章运用了哪些人物描写、环境描写手法，这些描写表现了人物的哪些性格特点？以小组形式撰写阅读研究性文章，并为祥林嫂或林冲写篇人物小传。

学科大概念下群文主题阅读，以学科大概念为核心，以阅读研究任务为导向，以学案为载体，通过创设情境活动进行群文阅读研究，培育学生思维品质，提升学生审美鉴赏能力，涵养学生人文情怀，厚植学生学科素养。

五、项目式阅读活动的组识方式——以群文阅读为例

以群文阅读的方式来组织单元教学，以"学习任务"的方式为核心，以项目式阅读为主线，以精准设置项目为生命，以教师点拨引领为主导，以学生研究实践活动为主要教学形态，以阅读分享为提升，打破单篇文章精细讲解、面面俱到的模式，凸显教学目标，放手让学生自主学习。通过活动获得阅读体验，自行建构阅读途径和方法，从而培养学生核心素养。

新课标指明："老师的主要任务是提出专题学习目标，组织学习活动，引导学生深入思考、讨论和交流。""老师应提供阅读策略指导，适时组织经验分享和成果交流活动。""要有足够的课时保证学生独立自主阅读，设计促进学生个性化体验的阅读活动。""引导学生在语言文字运用的过程中发现问题，培养探究意识和发现问题的敏感性、探求性。"群文阅读强调通过活动引导学生思考、交流，通过专题学习，促进学生思维、探究，通过阅读与鉴赏实践，促进学生方法、习惯、情感、态度、价值观的综合发展，进而提高学生语文素养，为传承和发展中华文化、增强民族凝聚力和创造力发挥独特的作用，从而培养出新时代国家需要的社会主义建设者和接班人。

（一）高中生群文阅读现状

高中生已有一定的鉴赏审美能力，养成了围桌阅读、合作交流分享的习

惯，但学生应用、审美与探究能力还比较薄弱，阅读速度慢，阅读后缺少主动思考的意识，研究问题、发现问题、分析问题、解决问题的能力还需强化。特别是对于群文阅读，比较分析能力欠缺，或面面俱到，或就一篇文章大谈特谈，重点不突出，很难结合几篇文章就其中相关联的问题进行多角度分析论证。

针对学生的阅读现状，教师要对阅读作品精准设置阅读项目，创设阅读情境，有效引导学生进行阅读项目策划，让学生学会分配阅读任务。学生通过项目式阅读研究活动来解决情境中的复杂问题，采用WHWM思考法对作品进行深度研读，和同学交流研讨探究，分享阅读研究成果，自行建构阅读能力，提升思维品质和学科素养。

（二）项目、活动、分享、建构

教师对单元群文阅读设置阅读项目，确立单元阅读主题，小组全体组员共同策划项目，组长从阅读项目中找准角度分配好阅读任务，组员积极参与自主赏读，用思维导图理清篇章思路，撰写好赏读研究文章，总结自主赏读时的疑惑，提出自己独特的见解。教师根据学生赏读情况，总结学情，进行深入分析。课堂上，首先学生交流阅读心得，提出自己的疑惑，然后小组讨论，对分配的阅读项目深入研究，找全角度，最后组长汇总，主持本组组员完善阅读见解，记录小组共同问题，形成阅读分享成果，实现小组的智慧整合。展示阅读分享成果要求思路清晰，由同学提出质疑或补充意见，教师根据具体情况进行点拨评价。

1. 精巧设置项目，以项目拓宽阅读思维

群文阅读项目设置要巧妙，项目中融入情境，让学生在情境中面对复杂的问题，能够引领学生研究问题、分析问题、解决问题，起到拓宽学生的阅读思维、激发阅读研究兴趣的作用。精巧设置阅读研究项目，找到群文相连点，创设情境，激发学生的生活体验，引发学生思考与探究，深入比较其异同，或根据作者人生经历、主题、艺术技巧设置项目，或根据时代色彩下的相同情怀设置项目，或根据作者的思路、内涵、语言设置项目。

例如，人教版必修四第三单元有三篇文章，选取的都是思想深邃、内涵丰富、哲理深刻的文章。"思路蕴含思想、语言透视深度。"如果要求你给"阅读月"活动推荐一篇文章，你认为本单元哪篇文章的创作思路透视出深刻的思想，又是如何运用语言艺术体现思想的深度的？请应用WHWM思考法，画出思维导图，说出自己的看法。

2. 创设多样的阅读研究活动，以活动获取阅读体验

要让学生完成阅读研究项目，我们要提供给学生相关的阅读资料和搜索资料的相关方法，设置精彩多样的阅读活动，通过活动让全体学生踊跃参与阅读，参与探究，在活动中获取阅读体验，帮助学生学会解决现实中的实际问题，使语文阅读人文化、生活化、实用化，体现人文的语文，生活的语文。

通过微信、钉钉、微博、QQ、班级、小组、学校云平台等构建阅读共同体，或通过围桌阅读、线上论坛、线下研讨、辩论，给学生提供活动的阅读空间，使阅读研究多元化、立体化，激活学生的内驱力，充分调动学生的生活经验、生命感受，使其获取丰富的阅读体验，深化阅读感受。

3. 精彩阅读研究分享，以分享增进阅读的厚度

阅读研究成果可以通过录制朗诵视频、群文阅读演讲分享、电子班牌群文插图、阅读研究性文章、小组阅读研究分享PPT、阅读研究小组视频、精彩片段书法展示、小组阅读研究微信推文、群文阅读书签设计、片段仿写学校云平台展示、阅读研究分享大讲堂等形式分享。

例如，婉约派与豪放派词作者在人生经历与生命认识上的探究；婉约派与豪放派词在选择意象上的探究；结合《祝福》《记念刘和珍君》《孔乙己》或其他你读过的鲁迅小说，来和鲁迅畅谈设置故事情节的手法；对《红楼梦》影视作品与文学作品进行比较阅读研究；根据所学的三篇文章《劝学》《游褒禅山记》《师说》写篇研究性文章，正标题是"穿越时空的对话，致敬文学巨匠"，针对这三篇文章的主旨思想、论证艺术技巧、语言风格等进行阅读研究。

4. 构建个性化阅读途径，以自主构建提升语文素养

通过参与阅读研究活动、研究成果分享，自主获得阅读体验、阅读知识、阅读资源，丰富阅读经验，自主梳理阅读思路，整合阅读内容、阅读方法，引导学生自主构建阅读途径、阅读能力，从而获得语文素养。

下面是学生的归纳整理展示。

群文阅读，解读内容丰富、思想深邃的文章路径：

（1）理清思路，通过WHWM思考法清晰文章思路，读懂蕴含的丰富思想。

（2）解读语言，把握语言风格，深度理解文章蕴含的哲理。

（3）树立正确的人生观、价值观，健康人格，厚植爱国主义情怀。

第五章 问题导向下的项目式课堂教学实施

在实施问题导向下的项目式课堂教学，落实立德树人的根本任务时，教师感受到新教材给语文教师的教和学生的学带来很大的挑战，而面对语文教学改革带来的思维的变化，新教材又在教学研究中带给教师无穷的力量，让教师体会到研究教学实施带来的无限乐趣。在语文教学过程中，教师如何根据学情，为学生学习创造契机；如何根据不同的文学样式，把握作者作品的不同艺术技巧；如何根据主题，解读文章的深刻内涵；如何立足大语文观，有效地打造诗意课堂，赋予语文以生命与哲理。这些都是教师在问题导向下的项目课堂教学实施过程中应该思考和解决的问题。

《论语·雍也篇》中提出："知之者不如好之者，好之者不如乐之者。"可见《论语》重视兴趣在学习中的作用。科学家杨振宁说，"热爱就是成功的秘诀"，热爱是激发学生学习驱动力、帮助学生克服厌学情绪的最好方式。人民教育家于漪强调，"在教学过程中需千方百计地激发学生的学习兴趣，增强教学过程的启发性，改变目前学生学习状态不佳的现状，从而提高学生的学习质量"。教育家于漪还提出了"新、趣、情、思"四字法则，其中，"新，是新鲜感""趣，是增加趣味性""情，是打造入情场""思，是加强探究性"。这四字法则，能够给教师在课堂教学中对激发学生的兴趣、调动学生的学习内驱力作出有效的指引。在兴趣和热爱的前提下，教师语文课堂教学实施中的任务设置、情境创设、活动安排、合作探究等就有了实效性，才能达到教与学的更高境界。

例如，新教材选择性必修上册第三单元节选了四部外国小说，单元导语中提出本单元的学科大概念："要了解小说多样化的风格样式，从主题内容、叙事手法、语言风格等多方面入手把握作品独特的艺术成就；总结小说的艺术特点，提升鉴赏小说的能力，并尝试写小小说。"在这个单元的课堂教学实施中，教师也有很多的困惑。例如，怎样才能准确找到这四部外国小说的节选的贯通点；采用什么方式来进行大单元阅读；这四篇节选的小说篇幅很长，学生阅读鉴赏一篇小说已经有一定的难度，更何况是外国小说，对小说的主旨解读，学生理解起来会更加困难；同时要进行大单元教学，学生和教师都面临更大的挑战，加之课堂教学的容量大，操作的难度大……这些困惑不仅是困惑还是动力，能促使教师沉下心来进行教学研究，探讨出更加科学实用的外国小说课堂教学的方式与技巧，教师要从课堂教学实施中提炼出课堂教学实施路径，与其他教师学习交流。

语文教师要深耕课堂，对课堂教学的每一个环节都要深入探究，从真正意义上解决疑惑，写好教学札记和教学反思，不断优化和完善教学流程，让语文课堂充满诗意和活力，使学生在问题导向下的项目式学习过程中能更高效地提升思维能力和人文素养。

一、小说项目式阅读研究活动涵养阅读审美素养

小说阅读研究活动，聚焦任务、情境、活动、构建、素养，重视培养学生在真实情境中解决复杂问题的能力，旨在让学生学会从复杂的语言材料中寻找解决问题的方案。通过设置项目，指引阅读；创设情境，拓宽思维；展开活动，撬动思考；促进研究，获取体验；构建策略，深厚素养。把小说阅读研究融入活动，使小说鉴赏多元而立体，科学而情致，变单调为多彩，变枯燥乏味为丰富深远，使语文阅读富有生命。

（一）高中生小说阅读现状

高中生阅读过很多作品，但阅读审美能力还是没有明显的提升，应用、鉴赏与探究能力比较薄弱，阅读速度慢，特别是群文阅读和整本书的阅读，比较分析能力欠缺，对整本书的思想情感、艺术技巧、思维脉络把握不准，很难从

多角度进行分析鉴赏，深度解读，从而得出独特的见解。主要原因是高中生在阅读中缺乏思考与探究、整合与建构、评论与审辨的能力。

　　针对高中生的小说阅读现状，为使阅读教学更高效，教师要对阅读作品精准设置阅读项目，创设阅读情境，有效引导学生进行阅读项目策划，通过项目式阅读研究活动来获取体验和感受，自行建构阅读方法路径，解决情境中的复杂问题，采用WHWM思考法对作品进行深度研读，加强同学间交流、研讨、探究，分享阅读研究成果，从而提升学生的思维品质和学科素养。

（二）小说项目式阅读研究活动的教学意义

　　小说项目式阅读研究活动，强调学生的研究性、活动性和合作性，培养学生的情致与理趣。学生借助网络搜索阅读相关资料，全面了解作者的人生经历和写作背景，或相同主题的作者，或相同时代的作家作品，这样学生的阅读研究才有推进的可能。小说的故事性强，学生还是很喜欢阅读的，但阅读要有深度，还要借助问题驱动、活动赋能，加强同学间的合作探究，从而让学生有新的视角、新的思维，促进深层的思考，深化审美能力。

　　小说项目式阅读研究教学是对阅读教学的创新，有一定的挑战性，是智慧的，也是哲学思考的。小说项目式阅读研究教学可以点燃教师的教学热情，促进教师挑战更有意义的阅读教学模式和技巧，帮助教师沉下心来不断地学习、钻研、实践、归纳、总结，不断修正研究成果，再用于实践中，这样就有效地提升了教学效果，又巩固了教师的专业技能。

（三）高中新课程标准对小说阅读的要求

　　高中新课程标准要求："要有足够的课时保证学生独立自主阅读，设计促进学生个性化体验的阅读活动。""注重个性化阅读，充分调动自己的生活经验和知识积累，在主动积极的和情感活动中，获得独特的感受和体验。学习探究性阅读和创造性阅读，发展想象能力、思辨能力和批判能力。""老师应提供阅读策略指导，适时组织经验分享和成果交流活动。"

　　新课标强调学生的学习体验、自主阅读、个性化阅读、研究性阅读，重视通过活动创设情境，激发学生的好奇与期待，引导学生思考、交流，提升学生思维能力、情感态度与价值观的综合发展，提高审美素养。项目式阅读研究活动，能促进学生思维、探究、研讨，通过成果分享展示，帮助学生建构阅读方法途径，获取习惯、情感、态度、价值观。提高学生的学科素养，浸润文化涵养，树立正确的世界观和人生观，坚持正确的价值引领，能更好地培养学生的社会主义核心价值观，增强学生的文化自信，坚定学生的理想信念，厚植学生的爱国主义情怀，加强学生的品德修养，涵养学生的阅读鉴赏素养。

（四）小说项目式阅读研究活动路径

小说项目式阅读研究活动，给学生一个开放、立体、灵动的课堂，以教师为主导、学生为主体、项目为主线、研究为核心、分享为载体。活动包括"项目设置与策划""小组合作探究""撰写阅读研究文章""成果展示与阅读研究分享"，它们共同构建了大语文学习体系。

灵活运用网络搜索、平板、云平台（小说阅读研究作品、微课、相关视频）、阅读群等媒介和载体，构建阅读共同体。教师将学生从大阅读群中分到若干小阅读群中，提供阅读作品。学生网络搜索阅读，对阅读作品进行调查分析，找出问题，设置阅读项目，策划阅读项目。在小阅读群中，组长分配研究任务，合作探究，小组交流研讨，解决问题，阅读感想汇总，最后小组成员在大阅读群中（班群、年级群、校群、几校联合阅读群）展示分享。在这个过程中，学生运用项目式阅读方式进行专题阅读、主题阅读、群文阅读、全书阅读，并在资源的选择、项目的剖析、问题的争鸣中内化观点，能培养学生自觉的审美意识、研究能力、审美情趣和思维品质的能力，提升他们的学科素养。

1. 思维可视化深度解读小说，培养良好的思维品质

小说故事情节的设置技巧多种多样，有跌宕式、摇摆式、延迟式、一波三折、伏笔、留白、悬念、悲剧性结尾、喜剧性结尾等；叙事技巧上有顺叙、插叙、倒叙、补叙、平叙；描写的技巧有人物描写、景物描写、自然环境描写、社会环境描写等；小说主题具有内涵的深刻性、意蕴的深远性等。学生在群文中或整本书阅读中要把这些特点理清楚，采用思维可视化深度地解读小说，这样可以帮助学生培养良好的思维品质。

例如，学生应用基于证据的WHWM思考法精读作品《老人与海》，思维导图如图5-1所示。

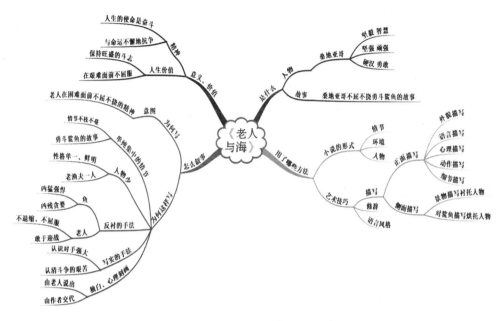

图5-1　《老人与海》思维导图

2. 小说课本剧表演深度体悟人物形象

把小说情节改编成课本剧，学生在改编过程中，要对小说文本进行研读分析探究，琢磨动作、语言对表现人物心理、个性的作用，细化每个细节。改编好课本剧，学生亲身感受体验，进行表演，走进人物的内心世界，小组合作，达到完美演绎，涵养人文素养。

例如，要求学生把《装在套子里的人》一书中的漫画事件、骑自行车事件、与华连卡弟弟的斗争事件改编成课本剧。学生在表演中可以更直观地展现别里科夫的形象特征。别里科夫的神态：脸色发青，比乌云阴沉，嘴唇发抖；语言：天下这么歹毒的坏人！骑自行车事件中，别里科夫的神态：脸色由发青变成发白；语言：还成体统吗？这怎么行？心理：心神不定，打哆嗦。通过表演，能让学生深刻体悟到别里科夫是一个胆小孤僻、顽固保守、与世隔绝、狭隘惶恐、害怕新事物、极力维护旧制度的沙皇卫道士。

3. 小说阅读小组探究，拓宽广度挖掘深度

小说阅读教学的第三个环节是小组合作阅读探究。学生在经过问题导向下

的自主阅读、独立思考探究后，进入小组合作探究环节，同学们和各自的小组成员一起进行多角度、多层面的深入分析和研究，以拓宽阅读的广度、挖掘阅读的深度。

不同形式的合作讨论、探究阅读，让学生产生好奇心和探究的意愿，同时起到拓宽知识文化视野、浸润素养的作用。学生独自研读作品后进行小组合作探究，在线上、线下，课上、课外，每个同学都可以发表自己的看法，交流思想，彰显个性化阅读，说出自己的深刻体验，展现对作品的独特视角，互相交流思想观点，拓宽思考角度，碰撞思想，撬动思维，建构阅读途径，形成适合自己的阅读方法和良好的阅读习惯。

4. 小说阅读研究与写作相契提升人文价值

学生依据问题进行阅读研究，研究的思路、获取的经验要用文字呈现出来，以便和其他同学进行交流探讨，也便于激发学生的写作欲望，启发学生的创意，将静态的写作化作动态的有思考方向的思维路径。读写结合，研思相随，写作训练的形式可以灵活多样，如改写、续写、发言稿、读后感、随笔、专题研讨、作品评论等，以提升学生的思维能力和写作素养。

例如，对《林教头风雪山神庙》《装在套子里的人》《祝福》三篇文章进行群文阅读，设置牵一发而动全身的阅读研究项目：《人生的突围与作茧人生——林冲、别里科夫、祥林嫂的人生命运》。

《红楼梦》第四回学生撰写的阅读研究文章有：《糊涂中的"精明"》《小差役也抖机灵》《被迫糊涂？主动糊涂？》《以人心写世态，于人情写世界》《糊涂真假不声响，心有一本明白账》《世人扮糊涂，心中明得失》《"糊涂"人乱判"糊涂"案》。

学习选择性必修上册第一单元，通过开幕词、回忆录、新闻等不同的文体，展现了民族复兴伟大而艰难的历程，以及为实现"中国人民站起来"这一梦想，中华民族经历了艰苦的探索，无数革命志士和广大人民群众一道，不屈不挠、奋勇抗争的画面。体悟革命者和建设者身上的"长征精神"，作为时代新青年，说说你从中获得的启示与体悟。

5. 分享整合阅读知识，培育审美鉴赏与创新能力

畅谈获取独特的感受，对话成就阅读鉴赏素养，分享整合阅读知识，培育审美鉴赏与创新能力。通过各种形式的阅读研究成果分享，如通过电子班牌、微信群、钉钉群、班级刊物、阅读分享会、阅读大讲坛、和作者对话、美读谈话等方式，分享自创阅读海报、插图、书签、研究文章，促使学生自行整合阅读知识，在阅读鉴赏中质疑、分析、研究、解决情境中的问题，生成独特的文本解读能力与阅读感受，形成阅读方案、途径与策略，培育审美鉴赏与创造素养。

例如，学生的阅读研究作品分享：《从〈红楼梦〉中赏析古典音乐之道》《看〈红楼梦〉中的礼仪祭祀文化》《田园牧歌与悲剧挽歌——〈边城〉阅读探究》《智慧总是在孤独中生根》《他们在黑暗中前行——〈家〉人物形象探究》《人生如围城——阅读〈围城〉有感》《淳朴乡村世界中人格美的局限与精神悲剧——〈边城〉阅读研究》《借我一双慧眼，雾里看花花满怀》等。

开展小说项目式阅读研究活动，有助于学生培育理想信念和社会责任感，培养科学文化素养、终身学习能力、自主发展能力和沟通合作能力。项目式阅读研究活动，可以让学生拓展阅读视野，建构阅读经验，提升阅读鉴赏能力，养成良好的阅读习惯，从而深入学习和思考，形成正确的世界观、人生观、价值观。阅读书目的选择、阅读项目的设计、知识体系的构建，有助于学生学会读大书，实现文化积累、思维提升和精神成长，涵养阅读审美鉴赏素养。

二、 散文阅读课堂教学的情境创设——以《故都的秋》课堂教学为例

语文教学既要重视培养学生的语言建构与运用、思维发展与提升、审美鉴赏与创造、文化传承与理解等核心素养，又要重视学生品德修养和人文底蕴的培养。

郁达夫的《故都的秋》感情浓厚、意味隽永、文辞优美，作者通过故都平凡的秋姿、秋色、秋声，传递了独特的秋味、秋意、秋情，进而表达作者对故

都的眷恋与哀婉之情，文章采用了借景抒情、以情驭景、景语与情语相融的表达技巧，将苦涩的"品味"与生动的景物描写有机结合，创造出一种特殊的神韵。文章意蕴深邃、感情丰厚，学生要充分把握有一定的难度，所以学生要先了解作者的情况和时代背景，通过诵读、精读、悟读，认真体会景物描写所蕴含的思想感情，感受作者的心意、情怀。散文阅读课堂教学要创设以学生为主体的课堂，给课堂以生命，以诵读、设疑、讨论、探究为主线，通过听、说、读、写、思、行，使鉴赏与课堂活动相结合，培养学生的阅读和鉴赏能力。而创设情境是所有环节的前提，它能把学生带入情境，让学生更有效地精读经典、感悟人生，做有民族气节的人。

（一）学生阅读散文状况分析

学生对叙事性散文比较感兴趣，对写景状物的散文鉴赏深感艰难，主要问题在于散文形散神聚的特点，使学生难以理清文章脉络，对写景散文的景语中透出怎样的情语难以把握，对状物散文所咏之物的象征义、比喻义难以体悟，托物言作者怎样的志学生深感捉摸不透。因此，一定要确定本单元学习的目标、重点和难点，为创设情境提供方向和依托。

（二）散文阅读课堂教学的情境创设

课堂教学情境创设要结合整个单元来设计，如统编教材必修上册第七单元选用的五篇文章都是写景抒情的散文，这些散文名篇，有对故都"秋味"的敬意，有对荷塘月色的欣赏，有在北京祭坛时对生命的深邃思考，有夜游赤壁时作者复杂矛盾的内心世界和旷达乐观的人生态度，有雪后登临泰山的别样的情趣。

情境创设要先解读单元导语、学习提示、单元学习任务。这些都是编者精心设计过的，所以我们可以借此来创设情境。统编教材必修上册第七单元的单元导语强调了本单元阅读时要注意的角度和方法，要关注作品中的物语与情语、情景相融、情理相合的艺术技巧。细品自然万物，花草虫鱼、院落树木、月色荷塘、泰山赤壁，都有一种姿态、一种情境、一种色彩、一种情怀、一种思考，更有一种况味与忧患。

本单元的散文都是意蕴深远的作品，景物刻画精妙、情味浓厚。阅读写景抒情散文，要仔细品味，把握不同的艺术表现形式，感受形象，品读语言，体悟情感，认识作品的美学价值。欣赏作者表现自然景物的独特的构思和艺术创造，作者对于意象的选取自然而又富有意味，加之雄厚的文学笔力，以及其营造的优雅、朦胧、沧桑、幽静之意境，含蓄而委婉地抒发了内心复杂的思想情感。

本单元散文阅读，可以是学科大概念群文阅读，可以是单元专题群文阅读，也可以是微专题群文阅读，或者是1+X群文阅读。本单元的散文都是优秀的作品，名家名篇，文章语言精美，句式灵活，修辞运用精妙，思想深刻。教师可以引导学生进行批注式阅读，把自己对文章语言内涵的理解做批注，以小组为单位，拍照打印成册，互相传看，从而养成良好的阅读习惯。

读懂散文的物语与情语是散文阅读的一大难点。散文中，作者对人生的思考与体悟，为人处世的方式，个人的品行修养，自身的追求与价值观，都会通过景物来传达，即"以情驭景""以景显情"。阅读者要读懂物之语，悟出情之话，感受作者独特的审美视角，这是阅读散文的关键。语文教师依据单元作品创设情境、营造情味，能高效地引领学生真实地进入作品中，体验作者的感受，跟随作者一起痛苦、渴望、眷恋、追求、思考。

1. 导语情境创设

学生喜欢感性思维、形象思维，喜欢画面美、情趣美、诗意美。散文课堂教学可以在课前通过精妙语言创设情境、营造意境，或通过画面、音乐营造氛围，让学生随着情境轻松地进入课题，激发学生对散文的喜爱之情并强化学生自主学习意识。

例如，《故都的秋》导语：有一种美，是悲美，世上有种鸟叫荆棘鸟，它一生只唱一次歌。从离开巢穴开始，便不停地执着地寻找荆棘树。当它终于如愿以偿，就把自己娇小的身体扎进一株最长、最尖的荆棘上，和着血和泪放声歌唱出世上最凄美动人、婉转如霞的歌声！这就是悲美。有一种美是凄美，秋天，落叶以红色苍黄向生命谢幕，枯草以稀疏尖长向大地辞行，落蕊以细碎满地直面生命的衰败，这是怎样的悲凉深邃，这就是凄美，是人生另有的一种境界。

走进《故都的秋》，我们看见一个穿着青布长衫的孤独旅人，在凄风苦雨中彷徨、思索、眷恋，他是那样的不舍这故都的秋。

再如，作者内心深处只有深情和故都的清、静、悲凉，情中有秋的色彩、秋的萧瑟、秋的落叶；秋中有情的伤感、情的爱恋、情的无奈。沿着铺满落叶的小路，一步一个脚印地寻，一步一片瓦地找，一步一声虫地觅，秋风扫过的痕迹，秋阳留下过的影子，秋雨中飘过的话语，都是作者心中的不舍与无奈，拥它于怀中，深情地凝望，凝望着不肯挪动半个脚步……

忧思与落寞中透出一个富有才情的知识分子在动乱社会里的苦闷心境，他如此深沉地爱着故都的秋，用整个生命去爱秋，用整个身心去拥抱秋，用自己的灵魂去品尝秋，他是那样深沉地爱着自己满身伤痕的祖国。

2. 问题情境创设

教师可以借助单元导语、学习提示、单元任务，有目的地精心创设问题情境，把学生带入典型环境中，引导学生进入情与境之中，唤醒学生的好奇意识、问题意识、思考意识，让学生跃跃欲试，参与活动，通过亲身体验去发现问题、提出问题、分析问题、解决问题，深入研究，提升学生的思考能力、实践能力、建构能力、审美鉴赏与创造能力。

情境是一种场景，是一种有情感色彩的场景，可以有效地激活学生的学习思维和探究研讨的兴趣，促使学生自觉阅读，真正理解知识，自行搜索相应的文章进行比较阅读，横纵探究，拓宽阅读面，自行建构阅读知识体系和阅读方法策略，培养思辨性阅读思维。

（1）根据散文的优美性创设问题情境

① 给《故都的秋》配首音乐的话，你会配上哪首歌曲？结合文章说明选择这首歌曲的原因，并给全班同学演唱一下。

② 作者为什么以《故都的秋》为题？你是怎么理解的？

③ 把文章描绘的每一幅画分别改写成一首诗。

④ 借助思维导图，帮助学生理清文章脉络，使其思维清晰和有条理。

（2）根据阅读情趣创设问题情境

① 仿照马致远的《天净沙·秋思》的写作方法给文章或其中一个图景写一

首词。

②制作作者介绍卡，走近作者，理解作者的内心世界。

③为文章写段好文推荐词，训练学生的写作能力。

④自制书签，根据文本语意，把书签纸剪成自己喜欢的形状，写上从文本中体悟出来的有人生哲理的或精妙的句子，让学生体会情趣与理趣之美。

（3）根据欣赏艺术特色创设问题情境

①郁达夫有自古文人的悲秋情结，如柳永的"冷落清秋节"，李清照的"满地黄花堆积，憔悴损，如今有谁堪摘"，都有伤秋、悲秋情怀。《故都的秋》中是如何体现郁达夫的悲秋情结的？

②本文是写景，作者为什么要写都市闲人？为什么要插入对写秋诗文的议论？

③本文是形散神聚表现得最充分的典型之一，分析文章是如何体现这一特征的？

（4）根据领悟的文本意蕴和作者情感创设问题情境

①有人评论郁达夫的散文"清新秀丽，真率酣畅，富有神韵"，以《故都的秋》为例，说说郁达夫的散文怎么体现这些特点的？

②邹花香、陈佰兴在《与〈故都的秋〉的三重对话》中说作者独特的审美体验集中表现在"作者选择的不是文学作品中悲秋常见之景物，而是寻常巷陌人们常见但又容易忽视的景物，来表现自然景观的'清、静、悲凉'的"。我们阅读了《故都的秋》，你是如何理解作者独特的审美特征的？

③本单元三篇文章体现的人生哲理对你有何启发？

3.插图、配音录制、自创海报、写好文推荐、创作诗词等形式创设情境

活动情境创设，能让学生动起来，参与到活动之中，通过亲身体验，感受作者的思想情感，更准确地把握文章蕴含的哲理。

（1）给文章画插图或画小剧场，通过画画让学生培养仔细观察、准确捕捉事物特征的能力，由表及里逼近事物的本质、事理的本质，提升创造能力。

（2）散文语言优美，适合朗诵，通过配乐朗诵，感受作者思想的脉动和附着在景物中的情感色彩。

（3）撰写好文推荐，引导学生进行拓展阅读，可以找相同主题的散文，也可以找相同时代的作家作品，进行群文阅读，多角度分析探究，使推荐文更有思想和价值。

4.赏析精美语段进行情境创设

语文教师先进行精美语段赏析创作，课堂上给学生展示，让学生有一个可参考的模式，也可以激发学生赏析的思维，唤起灵感，让学生找到新的赏析角度，开展一场智慧的文学创作赛。学生可以从意象的选用、语言的组织、句式的多样、修辞的运用、描写视角的变化、描写的艺术、感官的角度等，多层面进行精美语段的创作，展现自己崭新的视角和独特的思维。

三、情境活动下的群文研究性阅读与作品的对话艺术

群文研究性阅读是一种更深层次的阅读，是推动学生阅读思考、拓宽学生阅读视野、提升学生研究能力的一种有效方式。通过情境活动对群文进行深度解读、研究分析、比较探究，引领学生主动与作品进行艺术性的对话，激活思维，品味语言，挖掘主题，是自行构建群文研究性阅读的方法。其"以语文学科核心素养为纲，以学生的语文实践为主线""以任务为导向，以学习项目为载体，整合学习情境、学习内容、学习方法和学习资源"，培养思辨性阅读与表达的能力，提升核心素养与学科素养，深化意识形态。

新课标指出，"逐步培养学生探究性阅读和创造性阅读的能力，提倡多角度的、有创意的阅读，利用阅读期待、阅读反思和批判等环节，拓展思维空间，提高阅读质量"。

群文阅读可以是同一文体的群文阅读，如小说、散文、杂文、随笔；也可以是不同文体的群文阅读，如诗歌与小说、散文与随笔、小说与文学评论；也可以是跨媒介的群文阅读，如小说与影视、诗歌与音乐。群文阅读体现阅读者的智慧与技巧，可以很好地培养学生的思维能力与思维品质，提高阅读鉴赏能力与审美能力。

群文阅读对读者的阅读能力要求比较高，是一种复杂的阅读方式。读者首先要具有单篇阅读的基本能力；其次要具备更高级别的阅读技巧，如分析比

较，深入探究的能力，能够找到群文的联结点，提炼出议题的能力；最后还要具备对群文阅读项目进行策划、理解、质疑、分析、比较、研究的能力。研究性阅读可以有效提升学生的必备能力、综合能力、创新能力。

因为群文阅读的难度大，对能力的要求高，要使学生能和群文进行艺术性的对话、心灵的交流、技巧的沟通、审美的交互，语文教师要采用灵活的方式帮助学生设置情境活动，让学生在活动中自主阅读、合作探究、体会感受，通过感受激发思维、撬动灵感、品味语言、领会脉络，体悟深刻的意蕴、深厚的思想、严谨的逻辑，从而提升阅读气质。

莫提默·J.艾德勒曾说："阅读，是跟一位缺席的老师学习。""当你提出问题时，只有等你自己做了思考与分析之后，才会在书本上找到答案。""只有真正学习到的人才是主动的学习者。"群文阅读可以很好地培养学生自主阅读和探究的良好习惯，打破阅读思维定式，提高阅读思辨能力、综合能力，培育高尚品行、优美情怀。

培根曾说："有些书可以浅尝即止，有些书则要生吞活剥，只有少数的书是要咀嚼与消化的。"群文分析阅读就是要咀嚼与消化的。这样才能很好地与作品进行艺术性的对话，从中发现美、体悟美，汲取文化精华，涵养美好情怀。

（一）比较分析活动体验，与群文作品进行信息对话

群文阅读，引领学生从不同角度、不同层面体会人生的智慧、生命的诗意、社会的规律、人类的奋进，带领学生对群文进行比较分析，有效地训练学生的思辨能力和思维品质，与群文作品进行信息对话。于漪说："批判性思维是思维中最高级也是最核心的能力，一定要把它摆在思维品质和思维能力的领域来考虑。"

在开始群文阅读比较分析之前要对群文进行深入理解，从语言文字中获取信息。以群文阅读《拿来主义》《父母与孩子之间的爱》《人是一根能思想的苇草》这三篇文章为例：通过阅读《拿来主义》理解杂文有哪些特点，《拿来主义》是如何先破后立的？作者从哪些角度来论证拿来主义？文章哪些句子用了比喻的修辞，怎么用的？分析其本体与喻体的相同点。《父母与孩子之间的爱》，作者认为母爱和父爱在性质上有什么根本区别？各有什么积极面和消极

面？联系实际，结合所学过的课文和阅读过的名著如《红楼梦》《欧也妮·葛朗台》中的事例，对作者的看法作一番评析。《人是一根能思想的苇草》如何体现随笔的特点？"人是一根能思想的苇草"这句话运用了什么修辞？有什么深层含义？

阅读小说要围绕小说的三要素来帮助自己理解鉴赏，由表及里，由现象到本质，可以根据下面的思维导图，一步一步深入理解小说阅读（见图5-2）。

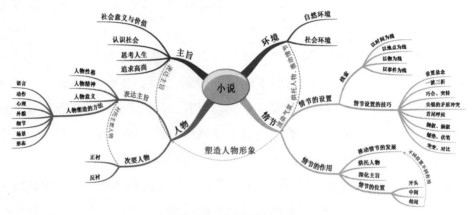

图5-2　小说要素思维导图

在深入理解单篇文章后，再进行群文阅读比较分析，如从《拿来主义》《父母与孩子之间的爱》《短文三篇》（《热爱生命》《人是一根能思想的苇草》《信条》）几篇文章思维脉络中来比较分析其思想的深刻性，要求学生体验用气泡图进行比较异与同，通过比较分析群文的思维脉络，领悟其中深刻的思想，和群文进行艺术性对话，提升语文素养。

（二）思维可视化活动体验，与群文作品进行思维对话

群文阅读一定要沉下心来认真静心阅读，进入作者的内心世界，深入思考，从文字中读出意蕴，从脉络中触到思维，从不同的角度、不同的层面去呈现人物命运、社会现象、作者意图，然后用思维导图工具使作品思维可视化。学生通过思维可视化活动，与群文作品进行思维对话，提升自身的思辨能力和思维品质。

引领学生深度解读作品，如王维的山水田园诗《积雨辋川庄作》与婉约词和豪放词的比较阅读，《积雨罔川庄作》是怎样体现王维诗歌的绘画美的？可以用思维导图工具进行思维可视化（见图5-3），深层阅读，紧跟作者的思维路径深入悟读作品，领会其艺术技巧、思想内蕴、深沉情感，从中感受诗人在人生最低谷失意时，还能把苦难的日子活成诗意的健康心态。

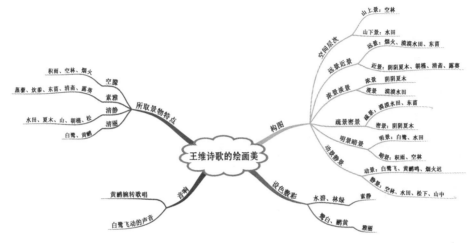

图5-3　王维诗歌的绘画美思维导图

会画画的同学，也可以用绘画的形式来呈现王维诗歌的绘画美，诗画相结合，和作品进行艺术性的思维对话。（见图5-4）

图5-4　《积雨辋川庄作》插图

深度读一首诗后，再进行比较阅读鉴赏，把王维的山水田园诗与李清照的婉约词、苏轼的豪放词进行比较审美鉴赏。群文阅读一定要找到群文的连接点。比如，分析研究山水田园诗、婉约词、豪放词的意象的选取与营造的意境特点，用思维导图工具，使复杂的内容简单化、条理化、有序化，使知识更加清晰明朗，思维可视化（见图5-5）。比较研究可以很好地提升教师的综合能力，属于阅读中的高级阅读，是有思考、思辨性的阅读。

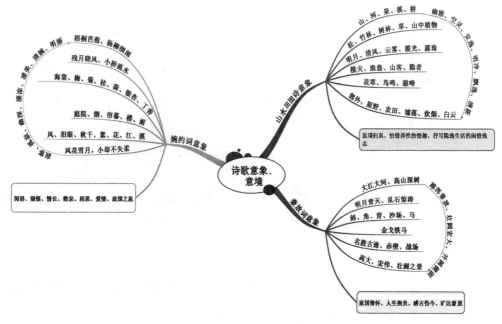

图5-5　诗歌意象、意境思维导图

（三）语言品读活动体验，与群文作品进行情感对话

体会作品的情感，要从表层可见的语言文字入手，品读语言，仔细揣摩，读出情感，悟出情怀，与群文作品进行情感对话。

品读语言，可以从作品配音开始，在配音中琢磨人物的性格、心理，确定语气的轻重、语调的高低、语速的快慢，通过对配音的韵律、节奏的把握，更好地体悟文本的情感，准确地掌握文本细微的情感变化。不同的文本配音的格调不同，不同的情怀所用的语气不同，不同的风格体现的音调音韵不同，不同的人不同的性格说话的方式不同，通过声情并茂地配音跟作者作品的情感进行艺术性对话，体会语言的魅力。

品读语言，要对语言进行深入的思考和研读，由表及里，从语言中读出深层的意蕴、浓厚的情感、鲜明的个性、细腻的心理，深入作者内心世界，触摸到文章的脉搏，跟作品一起呼吸共鸣、同喜同乐、同悲同泣，一同感受人生的跌宕起伏。

表5-1　对作品语言进行深入的思考和研读

文本	语言举例	语言特点	人物形象特点
《祝福》	祥林嫂初到鲁镇时：头上扎着白头绳，身着乌裙、蓝夹袄、月白背心，年纪大约二十六七，脸色青黄，但两颊却还是红的	精练、简洁	祥林嫂虽贫困，但还有活力，对生活抱有希望
《林教头风雪山神庙》	当李小二问他如何到这里时，林冲便指着脸道："我因恶了高太尉，生事陷害，不想今日见到你。"	准确、精练、简洁	"恶"，林冲的心地善良和忍的性格。林冲并未恶高太尉，是高俅为让他儿子得到张氏，百般陷害林冲
《装在套子里的人》	即使在最晴朗的日子，也穿上雨鞋带上雨伞，而且一定穿着暖和的棉大衣，他总是把雨伞装在套子里，把表放在一个灰色的鹿皮套子里，就连削铅笔的小刀，也是装在一个套子里的。他的脸也好像蒙着套子，因为他老是把它藏在竖起的衣领里，戴黑眼镜穿羊毛衫，用棉花堵住耳朵眼	精练、鲜明、夸张、合理、含蓄、幽默、讽刺	远离人世，保守怀旧，封闭，胆小多疑，害怕社会进步

（四）情境表演活动体验，与群文作品进行艺术性对话

情境表演可以让学生切身体会到人物性格是怎么形成的，有怎样性格的人会说出怎样的话、做出怎样的事、出现怎样的命运，在表演体验中琢磨情节的发展、高潮的作用、矛盾冲突如何凸显人物的个性，能够更好地培养学生自行构建群文阅读路径，提升语文素养和人文素养。

例如，《装在套子里的人》，"婚事风波"的课堂情境表演，在表演其中的"漫画事件""自行车事件""正南交锋"情节，可以深刻体会别里科夫的胆小多疑、保守怀旧的性格，和华连卡的热情大方、开朗乐观、富有朝气的个性形成鲜明对比。

《林教头风雪山神庙》，学生对尖锐的矛盾冲突情节的课堂表演，抓住高潮、结局"风雪夜复仇"，学生小组讨论，共同策划，仔细地琢磨人物的语言、动作描写，通过表演生动形象地再现人物的性格变化，深入理解林冲的忍无可忍、英勇果敢、愤而抗争的性格特点，使学生体会尖锐的矛盾冲突对情节的发展、人物塑造的作用，读后仿写，读后评论，读中对话，读写结合，以读促写，提升阅读审美鉴赏能力和写作能力（见表5-1）。

（五）主题研究性阅读分享活动体验，与群文作品进行思想对话

主题研究性群文阅读，要求比较分析和研究相结合，如《人生的突围与作茧人生》。群文研究性阅读片段，如《王维诗中有画，画中有诗》是这样分析的："《山中》首句写天寒水浅，山溪变成涓涓细流，露出磷磷白石，'蓝溪白石出'，一个'出'字，化静为动，给人动态美感。次句写入秋天寒，山上的红叶变得稀少了，'玉川红叶稀'，这里的'红'，跟首句的'蓝'和'白'相照应，写出了山上的色彩层次，淡化了秋天的萧瑟冷落之感，彰显了山川草木气息，具有强烈的画面感。"

事实上，王维的很多诗歌都充满画面感，如"大漠孤烟直，长河落日圆""落花寂寂啼山鸟，杨柳青青渡水人"，都能让人看了就能在脑海中形成强烈的画面。

群文研究性阅读片段，《王维人生的失意与诗意》：主要讲内心不俗的人，面对人生的低谷，依旧可以活出诗意。自古以来许许多多伟大的文学作品，都是作家在心情苦闷的状态下创作的。屈原在遭受流放的时候依旧可以坚持"吾将上下而求索"的信念，杜甫在颠沛流离的时候仍然保持着"不尽长江滚滚来"的气魄，李煜在失去江山之后才明白"流水落花春去也"的滋味。

几乎没有谁的人生会一帆风顺，内心粗糙的人，在遭遇人生挫折的时候，不是怨天尤人，就是自暴自弃。而内心有情怀、有诗意的人，在遭遇不幸的时候，可以用文字排遣心中的苦涩，可以依靠心中对美的体悟在苦难的土壤上培育出动人的花朵。内心豁达乐观的人，人生越是坎坷，他就更加珍惜岁月，砥砺前行。内心淡泊坦然的人，在失去之后依旧可以保持潇洒。正如王维笔下的"行到水穷处，坐看云起时"。

群文研究性阅读片段，《情之所起，风物有味》："如林清玄所说：'清欢'几乎是难以翻译的，可以说是'清淡的欢愉'，这种清淡的欢愉不是来自别处，正是来自对平静疏淡俭朴生活的一种热爱。当一个人可以品味出野菜的清香胜过了山珍海味，或者一个人在路边的石头里看出了比钻石更引人的滋味，或者一个人听林间鸟鸣的声音能感受到比提笼遛鸟更多的感动，或者体会了静静品一壶乌龙茶比起参加喧闹的晚宴更能洗涤心灵……这就是'清欢'。"

情境体验下的群文研究性阅读，有效地激发了学生思考，促使学生深度阅读，让学生思维活跃起来，通过对作品的主题、形象、情感、思想内涵、表达技巧、语言风格的异同进行比较、分析、探究，训练学生运用严谨的理性思维和丰富的感性思维，发现新问题、运用新方法、解决新问题、获得新结论，高质量地解决群文阅读探索情境中的问题，引领学生进入群文世界，主动与作品进行艺术性的对话，培养学生的研究能力与思维品质，高尚情怀，美好品行，丰富自己的精神世界，提升审美情趣和审美品位，形成正确的世界观、人生观、价值观。

四、婉约词阅读研究活动培育鉴赏审美素养

《普通高中语文课程标准（2017年版2020年修订）》指出，"通过阅读与鉴赏等语文实践，学会语文运用的方法，有效地提高语文能力，在学习过程中促进方法习惯及情感态度与价值观的综合发展"。通过语文学习活动引导学生思考、交流，通过阅读研究，促进学生思维、探究能力的发展，通过鉴赏实践，促进学生方法、习惯、情感、态度、价值观的综合发展。诗词学习以任务为导向，以学习项目为载体，整合学习情境、内容、方法和资源，引导学生在运用语言的过程中提升语文素养。

高中婉约词的阅读鉴赏教学，以研究活动的形式让学生参与感受，获取体验，自觉构建阅读鉴赏路径。阅读研究活动六种有效课堂策略：听、读、思、究、写、说，通过阅读研究活动培育学生的鉴赏审美素养。下面详细介绍前五种有效课堂策略。

（一）听，拓宽阅读视野素养

听，听阅读鉴赏导读。阅读鉴赏导读起到激发兴趣、链接知识、拓宽阅

读视野的作用。例如，在阅读婉约词时，可以选择听各种形式的导读，听老师阅读导读推介，或学生阅读导读推介，或个人导读推介，或小组导读推介，或李清照词鉴赏导读，或柳永词鉴赏导读，如《百家讲坛》讲解的一代才女李清照，《千古风流人物》讲解的柳永。学生通过阅读导读，了解词人的生平经历、生命认识，进而更好地解读婉约风格在词中的体现。

（二）读，习得韵律逻辑素养

鉴赏诗词，读是一个很重要的环节，美读、精读、深读、诵读，读中悟出其中的节奏、韵律、情感，走进词人内心世界，感受情感的起伏、情绪的变化、情愫的抒发。在读中跨媒体鉴赏体悟，更深层次地理解作品的思想内蕴。

例如，李清照的《醉花阴·薄雾浓云愁永昼》：薄雾/浓云/愁永昼，瑞脑/销金兽。佳节/又重阳，玉枕/纱厨，半夜/凉初透。东篱/把酒/黄昏后，有暗香/盈袖。莫道/不销魂，帘卷/西风，人比/黄花瘦。

在美读之前先给词划分节奏，然后自读，读给自己听，读给身边同学听，读给小组同学听，录制朗读视频给全班同学分享，读出感觉，读出语感。在美读中琢磨句子词语，如"永""又""凉""透"，这些关键词很自然地映入眼帘，反复美读，就能读出这些词的深刻语义。"永"，写出了时间的漫长，又暗含愁的长久。透露出独处香闺之久，表达度日如年的心境。"又"，过了一个又一个节日，表明与亲人离别已很久，独过佳节已非一回。"凉"客观上指肌肤所感之凉意，主观上实则指心灵所感之凄凉。"透"，点出了秋寒心冷，辗转反侧，思念之苦，愁绪之重。

本词长句多，长句的特点是表意严密准确细致，语意丰富，节奏缓慢柔婉，情感清新凝练、愁伤、缠绵。从词牌来看，《醉花阴》此词调首见于北宋毛滂词，词中有"人在翠阴中""劝君对客杯须覆"等句，因据其意取作调名。词牌名已暗含柔婉情怀。从句子的长短看，《醉花阴》长句多，美读时要慢、长、柔、婉，结合李清照写这首词的经历：李清照婚后不久，丈夫赵明诚便调官异地，李清照深闺寂寞，深深地思念着远行的丈夫。

欣赏《醉花阴》，可以跨媒体鉴赏体悟，让学生欣赏小提琴协奏曲《梁祝》，也可以展示一组清新淡雅的水墨画，帮助学生更好地理解婉约词，在美读时能更准确地读出其中的思念愁伤情怀。

（三）思，获取鉴赏途径素养

思，深度解读婉约词。可以通过项目式阅读研究活动，让每个学生都参与思考，进行个性化鉴赏，获取鉴赏途径，提升群文阅读欣赏的能力。温庭筠、李煜、柳永、晏殊、秦观、李清照都是婉约词的代表词人，进行婉约词阅读鉴赏时，可以把不同作家的词放一起群文鉴赏。

1. 设置阅读鉴赏项目带领学生深入思考

例1：

项目一：介绍李煜生平经历（PPT视频/现场讲解）。

项目二："愁"词分享。

①"愁"的情感种类分享，诗词佐证（简要赏析）。

②"愁"词中的常用意象分享。

项目三：写一篇关于《虞美人》的赏析文，并制成PPT，并在课上讲解（PPT视频/现场讲解）。

项目四：改写《虞美人》为散文或小说（配乐诵读）。

例2：

项目一：写一写你知道的李清照。

项目二：从李清照诗词中看她的爱情；用花形容李清照，为李清照写首诗歌。

项目三：李清照诗词中表达愁绪的意象探究。

项目四：婉约词词人在人生经历与生命认识上的探究。

项目五：将《醉花阴》或《声声慢》改写成散文，并配乐朗诵。

项目六：仿照《醉花阴》《声声慢》学写一首诗或词。

2. 借用WHWM思考法画出思维导图，思维可视化，深入鉴赏

要求学生借用WHWM思考法自行深入思考：婉约词表达的主要观点，常选用哪些特色的意象，常用的哪些艺术方法，婉约词是如何运用这些艺术方法的，表达的主旨有什么意义和价值，画出思维导图（见图5-6），使思维可视化，归纳整理鉴赏途径。

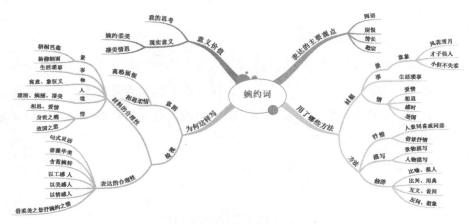

图5-6　婉约词思维导图

（四）究，生成思维品质素养

小组合作交流探究，激活思考，起到互补、互证、互学、互助的作用，在思想碰撞中提升审美能力和思维品质。合作探究可以线上线下，也可以课上课下，培养学生对阅读项目调查分析、策划、提出问题、分析问题、研究探讨、解决问题的能力和领导能力，建构研究路径。

例如，婉约词在题材上的探究，婉约词在内容与情感上的探究，婉约词在艺术特色上的探究，可以选择婉约派代表词人作品，如温庭筠《菩萨蛮·小山重叠金明灭》、李煜《相见欢·无言独上西楼》、柳永《雨霖铃·寒蝉凄切》、晏殊《浣溪沙·一曲新词酒一杯》、秦观《鹊桥仙·纤云弄巧》、李清照《如梦令·昨夜雨疏风骤》，进行群文阅读鉴赏分析探究；也可以选一个词作家的几首词联合分析鉴赏探究，如李清照的《一剪梅·红藕香残玉簟秋》《忆秦娥·临高阁》《好事近·风定落花深》《如梦令·昨夜雨疏风骤》《如梦令·常记溪亭日暮》《声声慢·寻寻觅觅》《临江仙·庭院深深深几许》。

（五）写，磨砺表达写作素养

听、读、思、究、写、说，这是婉约词阅读鉴赏研究的有效途径，阅读鉴赏与写作表达是紧密相连的。思究体悟，撰写阅读鉴赏研究文章，整理思路，构建阅读鉴赏策略。开展分享会，把研究成果以各种形式进行分享，提升学生的写作素养。

五、问题导向下的活动创设——小说教学巧用"评、辩、研"提高洞察力

评，即评说自己的观点看法；辩，乃辩与论、驳和析；研，为研究、探讨。学生读小说往往只重情节，不重思想；只重情趣，不重技艺。小说是社会的缩影、人生的反映，学习小说重在通过情节环境准确把握人物思想性格，进而培养学生认识复杂的社会、人生及多变的世界的能力，弘扬真善美，鞭笞假恶丑。

（一）评，深邃思想，灵活头脑，伶俐口齿

评，从不同的角度陈说自己的观点，有针对性地评说自己的看法。或引经据典，或有理有据条理明晰地评说，或中间夹入唱、吟、诵，或夹入书评。

例如，学生对《失街亭》中诸葛亮的形象评价，众说纷纭，各抒己见，仁者见仁智者见智。

有的学生评说诸葛亮是一代军师，国家的优秀策谋者，他肩负国家的命运，百姓的重托，禄厚官高，做事必须慎重全面，不应有失。马谡失街亭，列柳城遭袭，百姓恐慌，诸葛亮虽急中生智，铤而走险使用空城计，但从此蜀国大势已去，置百姓于水深火热之中。马谡虽有错，但诸葛亮责任更大，错选大将，不听刘备遗言"马谡言过其实，不可大用"。

有的学生认为，诸葛亮不是圣人，更何况圣人都有失误的时候。诸葛亮智慧过人，竟能算计出司马懿"必取街亭，断吾咽喉之路"，如此高明之人实属罕见，面对马谡的雄心壮志、豪言壮语、决心和豪情，谁能不动心，谁能不动情？诸葛亮也必然。

评，把学生引入对文章的深入分析和思考之中，精辟的见解、独特的思维、精彩的陈说给人以新的审美启迪，互相影响，互相交流，互相学习。亮丽的评说使人茅塞顿开、灵气顿生。深思熟虑后达到深入浅出的境界，培养了睿智，增长了见识，磨砺了意志。

（二）辩，敏锐思维，透视真知灼见，竞技中生发激情

辩，辩论，既有辩说，又有论证，是集文化涵养、知识积累、思维技巧、

言语表达、思想情感、人生体验于一体的综合素质。

小说教学中的辩的形式有所变通。学生既是辩论成员，可以及时反驳辩论，又是观众，可观看提问，同时也是专家，可以评点，集多重身份于一身。灵活地变通辩论的形式，化个别参与为全员参与。通过辩论，拓展延伸，帮助学生把文章人物思想个性、作者情感剖析得更加透彻。学生可以别出心裁、独辟蹊径、标新立异、展现真知、透视灼见、敏锐思维，一展雄才辩言，在竞技中生发激情、独占鳌头。

例如，针对曹雪芹的《宝玉挨打》开展一场辩论赛，我把全班学生分成两大组，论题为"宝玉该不该打"。正方是"宝玉该打"，反方为"宝玉不该打"。

正方先声夺人："宝玉不从父命，不走经济仕途之路，到处惹是生非，混于姑娘堆中，不思进取，不守本分，着实该打。""宝玉只追求浪漫，不求实际，整天生活在贾母的羽翼下，娇生惯养，只会玩耍和生气，不懂生活的艰难和经营，此儿不打怎成器？""宝玉作为家中的男儿，应具有男儿血气，不该整天游于脂粉之中，嬉闹不分时和地，更不该事出时缄默不语，造成金钏被王夫人驱逐，最终走向投井之路，不打难平心中之气。"

反方听此处变不惊，有条不紊："宝玉与丫头戏子来往说笑，不分贵贱，不分门第，有何错？不学八股文，喜好《西厢记》有何错？想摆脱约束，随性寻求个性，又有何错？"字字铿锵有力，句句掷地有声，"宝玉同情下人，金钏的死，他自责苦楚伤心难过，他是个有情感有血肉的人，为何要挨打？不愿做官，不肯虚伪，不想苟且而活，他有自己的人生、自己的目标、自己的追求，不肯苟同于世俗，这难道就要挨打？如此，世上将有多少人该被打死，否则人活着将是非人。"

两军对垒，紧张激烈，你来我往，针锋相对，互不相让，闪烁智慧。双方在辩论中把辩词修改得更加完美、更具有说服力。小说课堂中学生始终保持着高度灵敏的状态，每一个学生的辩说都能掀起一层层波浪，碰撞出一朵朵思想的火花。

辩，以其灵活多变的形式使学生跃跃欲试，快速捕捉信息，理清头绪，高度概括，归纳整理，分辨主次，抓住要害，给对方猛烈的一击。在这个过程中，学生大脑快速地运作，可以灵活头脑，敏捷思维，集中精力，深邃观点，培养口才，加强逻辑，从而全面提升学生的文学涵养，增厚文学底蕴。

（三）研，拓宽思路，萌生灵感，引发深刻思考

小说的研讨分为独立阶段和交流阶段。课前是独立阶段，学生对所学内容进行认真的钻研探究，网罗材料，深入思考，反复分析，和小说对话，与人物进行心灵的沟通、情感的共鸣，对小说中的情节、构思、技巧、语言、风格以及作者的生平思想进行探讨。课堂是合作交流阶段，把课前的研究成果、独特感悟，拿到课堂中和同学进行交流共同探讨，通过合作交流拓宽思路、萌生灵感、引发深刻思考。

例如，教学《三国演义》时，可以偕同学生走进蜀国，或与曹操有约，或和刘备商谈，或与马谡对话。

再如，可以开展鲁迅文学研究，研究鲁迅笔下的女性、鲁迅的语言特色、鲁迅的小说情节、鲁迅的生平、鲁迅小说风格等。

又如，可以进行红学研讨："我眼中的贾珠""林黛玉：多愁善感为哪般""宝玉：封建家族的'孽障''祸根'""薛宝钗：封建社会的标准女性"。

研讨会可以多角度多层面地审视作品中的人物，深入浅出地评论文学作品，学习别人看待文学作品的方式，阐述看法的精巧角度，提高自身质疑的能力，遣词造句和语言表达的能力。

把评、辩、研"请"进小说课堂，能更有效地教会学生思辨，培养其感悟生活的能力，深邃其思想，敏锐其思维，拓宽其思路，使其感受到学习语文的实用性，从而让学生积极主动地学习。师生协调一致、互相配合，使课堂张弛有度、活泼有序。小说教学巧用"评、辩、研"，使学生乐看、好谈，能够提高学生的洞察力和逻辑思维能力。

六、问题导向下的诗歌读写一体化

课标要求教师必须培养学生"自主、合作、探究"的能力，这种提法合乎学生发展的需要，体现社会的进步。但是，在诗歌课堂教学的骨髓中却还属于封闭式教学。以师为本的教学理念和以师为准的教学原则使诗歌教学被装在了套子里，因此，我们必须要对诗歌教学的模式与理念进行反思与探究。

（一）现行的诗歌教学现状的反思

诗歌或深情绵邈或浪漫飘逸或雄壮豪迈，为体悟诗歌，诗歌教学本应设置一种与诗歌相吻合的意境，很多教师却还是实行串讲教学，停留在对诗歌进行翻译，然后指出意象、理解意境、概括诗歌主旨的层面。

1. 华而不实，徒有其表

现行的诗歌教学只重形式，忽略学生所得，只重设定思路和模式，忽略学生的思维特色。课堂形式纷呈，气氛活跃，讨论热烈。分角色朗诵、学生表演、设置情境等，可谓绞尽脑汁、想尽办法，但常常华而不实、徒有其表。比如，对诗歌意境的鉴赏和体悟，教师必须营造一种与诗歌意境相吻合的情境，让学生在情境中感动，在感动中感受作者的情感，而用讨论的形式容易失去情调，但为活跃课堂气氛让学生动起来，有些教师乱用讨论，只重其形式，导致学生出现"一听就明、一看就清、一做就蒙、一考就倒"的现象，只知其表，不知其味，严重阻碍学生鉴赏能力的提升。

2. 漫无目的，不重其魂

一般情况下，在课前教师会精心制定好各个教学环节与教学方法，但往往忽略了各个环节与方法要取得的成效。比如，诗歌教学中朗诵很重要，这已在教师中达成了共识。朗诵能再现诗歌的韵律，把学生带进"羚羊挂角，无迹可求"的意境，但只有读的形式却无目的性的朗诵指导，造成学生不能理解为什么不同的情感应有不同的读法，语调的升降、节奏的快慢也就难以把握，更不用说进入诗歌的情境，领会诗歌的旨趣，一遍遍地读，一遍遍地无味，只有其声而无其义，只有其法而无其效，漫无目的，不重其魂，朗诵就成了一具空壳。

3. 形似民主，实则封闭

表面上看，诗歌课堂教学遵循了师生互动的原则，强调发展学生的个性，体现课堂的民主，调动了学生的积极性，课堂上学生跃跃欲试，七嘴八舌，热热闹闹，好不开心，其实所有的活动都是按照教师的设定来进行的，风筝一旦高飞，教师就会忙不迭地把线拽紧，学生的思路一旦游离教师的设定范围，教师又会跌跌撞撞地把学生的思维拉回到设定的轨道。这种教学理念不利于学生的思维发展。

4. 只重情趣，不谈理趣

诗歌语言跳跃性大，根据这个特性，鉴赏诗歌应该把它浓缩的内容"泡"出来，跳过的内容补出来，所描之景画出来，言外之意想出来，这都要学生充分发挥联想与想象。很多教师在教学中采用要学生学做一回导演把诗歌拍成MTV的方式，来培养学生的想象力。这种教学方法学生很感兴趣，体现了一种情趣美。他们能够滔滔不绝、口若悬河地说上一大堆，但是他们只凭感性地想，没有理性的思考，而教师教学中只重学生是否想得多、说得多，不重学生想得是否合理，想中有无思考，只重情趣，不谈理趣。

从中可见，现行诗歌教学难以起到培养学生的个性、人生理想、精神旨趣和审美理念的作用，难以使学生品味到人生的酸甜苦辣，体会出各色各样的生活滋味，触摸到中华民族的灵魂和脉络，体悟到民族的优秀传统和审美情趣，形成健全的人格、健康的思想，树立正确的人生观。因此，我们对现行的诗歌教学应进行反思与探索。

（二）诗歌教学的探索

诗歌教学要做到真正意义上的以学生为核心，将研究性鉴赏融入诗歌教学之中，要注重从诗歌中发现生活的原生态，深度挖掘作者的体验和感悟，从而让学生拥有丰富的情感世界去珍视、尊重生命，提高人生品味，感悟生命的真谛，触摸到灵魂的脉搏，体悟人性的灿烂，品味情感的酸甜。以下是对诗歌教学进行的探索。

1. 鉴赏创作一体

诗歌鉴赏教学要让学生感受诗歌的意境，体悟作者的情感，品味诗歌的情韵，欣赏诗中的风景，体会景中的色彩。教学中我把审美鉴赏和尝试创作合为一体，这种教法可以有效地激活学生对诗歌的兴趣，丰富学生的情感世界，提升学生的鉴赏能力。

例如，在鉴赏戴望舒的《雨巷》这首诗时要求学生把它改写成三幕剧，这样，在培养学生的鉴赏能力的同时，可以充分发挥学生联想、想象和创新的能力：走进江南古老的城镇，演绎人类美好的故事，感受撑着油纸伞的姑娘彷徨于悠长而又古老的雨巷，那样默默彳亍着。冷漠、凄清，又惆怅，《雨巷》的画面幻化成可视可感可听的话剧，再现朦朦胧胧的飘着丁香的结着愁怨的姑娘，这种方式可以最快地把学生引入诗境，领悟诗情。

将鉴赏和创作合为一体的方式也灵活多样，如徐志摩的《再别康桥》，可以采取把它改写成一篇优美精致的散文的方式，使诗中的意象鲜活起来，进而"泡"出浓缩其中的风味，体悟难得知己的康桥、精神依恋的康桥、生命源泉的康桥。

充分调动学生的创作潜能，通过自主创作来感受诗歌的特色。将创作融入文本之中，给自己的相片配诗，给自己的画配诗。

思 念

思念从哪里来	思念是袅袅炊烟
它将要到哪里去	翻过高山，越过大海
没有能操控它的命运	思念是缠绵歌声
只因它拥有一双翅膀	时刻在你耳旁回荡
在你心头无秩序地盘旋	思念是黏稠的花胶
它用一条钢索	难以用清水洗净
紧箍你思维的飞扬	思念是淡淡泥
	载你回到原始的那一端

伞 下 情

伞犹如慈母	让我茁壮成长
我犹如伞下的孩子	伞犹如安乐窝
在伞的遮蔽下	充满温馨与快乐
避开夏日烈日的猛晒	她是有
避开风雨的吹打	阳光的温暖

秋风的清爽　　　　　　在她的怀里

泉水的甘甜　　　　　　我能尽情享乐

我们还可以灵活地组织一些活动来培养学生学习诗歌的兴趣爱好，提高鉴赏创作的能力，如组办谷雨诗会、个人诗集展、诗歌朗诵会等。

2. 研究体悟合一

诗歌教学不是单纯地引导学生鉴赏课本内的几首诗，而是教师以课本为例，教给学生鉴赏诗歌的方法，进而使学生能自行鉴赏体悟课内外的诗篇，增加文学积淀和文学底蕴，提高审美能力。这样，我们就要把研讨引入课堂，集研讨体悟于一体，带领学生走进诗歌的殿堂，沐浴在诗的情韵中，了解诗的国度，涵养学生的心灵，陶冶学生的情操。

教师在教学唐诗时，可以组织一个唐诗专题研讨会，引导学生从诗的发展史和唐诗风格、感情基调、形式、艺术技巧等方面来研究唐诗，又可从代表诗人的生平、经历、思想、情感、选材多方面、多角度收集材料，深入了解唐诗的形式美，欣赏唐诗的韵律美，把握诗人的创作风格。

例如，学生在研讨中发现，"中国作为一个诗歌的国度，早在中华民族辉煌灿烂发展的古代，诗歌已是一颗璀璨耀眼的明珠，照耀了幅员辽阔的中华大地。唐诗更是在历史长河中独领风骚，名扬四海也威震八方。它更是我们中华儿女的骄傲，振奋了民族自尊自信心"。"唐诗，你是古代诗人情感的映射，是古代诗人思想的灵魂。你是旧中国实情的见证，是旧文化轨迹挪动的印痕。你是人民感情的依托，是事物诵唱的刻画体，是承载志向的风"。李白狂放不羁的个性使他的诗风飘逸豪放；杜甫颠沛流离的生活使他的诗风沉郁顿挫；白居易的为民请命，孟浩然的模山范水，岑参、高适的边塞慷慨悲歌，韩愈的奇崛险怪，李商隐的含蓄委婉，等等。魏晋南北朝诗歌、宋词、元曲都可设置专题研讨会。在研讨的过程中，学生提出的问题，又可以引起师生的关注和探讨，完善对诗词曲的看法，加强对诗词曲的认识。

3. 合作竞争相融

愉快和谐的合作是提高鉴赏能力的一条很好的途径，合作之中融入健康的竞争，加速大脑的运作，使严肃认真的诗歌教学变得轻松活泼有趣，有效地激发学生的学诗兴趣，激起学诗的浪潮，让学生徜徉于诗海之中，领悟诗的精髓。

合作竞争相融，适用于诗歌教学中的各个环节，如背诗接龙，一组背出句，一组背对句，一来一去，像军队中的拉歌，可以活跃思维、引领课堂，又让学生感受到"书读百遍，其义自见"之妙，懂得积累的重要性，促使学生课后有意识的熟记诗句，做到厚积而薄发。也可以采用我出相片来你赠诗，你绘画来我题诗，我念诗来你作画，我作诗来你配乐的教学形式，其乐融融。

在古诗词学习中用诗情来启发睿智、产生共鸣；借助歌声感受生命的涌动，要让每个学生都过着诗的生活，让每首诗的诗香都融进学生的灵魂，体味人生百态，寻找诗词的气韵和动脉、灵气和魅力，激发青春活力以及对生活的热爱。"欲得处女地，须得深深地犁"，只要语文教师能够用心去营造，精心去编织，巧妙去设计，细加雕琢，就能教出个性，教出新鲜味。

七、《红烛》对生命的追问与追求

闻一多的第一部诗集就收录了《红烛》，在诗集中，闻一多以其细腻独到的语言魅力和极具艺术感染力的方式，表达了对生命更深层的追求，以及对生死观的理解与体悟。

作为我国杰出的民主战士、伟大的诗人，闻一多的一生创作了大量的诗篇佳作，在当时的社会背景下，为社会发展注入了一股新鲜血液，在那个动荡不安的社会中具有较强的现实主义意义。本小节对闻一多先生的诗集《红烛》进行深度探究，并对闻一多对生命的反思与追问进行分析阐述。

（一）身处黑暗，心怀光明

《红烛》是闻一多先生在1923年创作完成的，也是先生的第一部诗集。时年，闻一多是一个学贯中西的热血青年，所以，这也表示《红烛》诗集中的绝大部分思想都代表了闻一多早期的思想。但即便如此，这部诗集仍旧表现出闻一多先生拥有超越年龄的智慧。在该诗集中，闻一多发出了超越时代的对生命的追问与思考，通过一篇篇内涵深邃、热情洋溢的诗歌对生与死的本质进行了揭示。在这部诗集中，闻一多不止一次谈及生存与死亡，这也体现出青年时代的闻一多是从多元化、立体化的角度去思索生命的意义，这给予当时的青年一代以精神层面的激励。

《红烛》这部诗集中，贯穿始终的一个问题就是对生命意义的思索。这种思索涵盖范围较广，包括人类自身和世间万物，以及文化艺术存在的本质。闻一多不仅是诗人，同时擅长作画，所以，其诗歌也通常会体现理性与感性相结合的特点。他通过描绘丰富多彩的具象事物，并进行反思，对生命存在的意义与价值进行凝练，从而使得一幅鲜活而完整的人生蓝图被勾画出来，使读者在阅读后深受启发。闻一多认为人生充满了意义，因此，即便身处黑暗之中，也应心怀远方，向往光明和美好。

《红烛》的创作地点在美国，是当时闻一多在美国留学期间创作的。由于当时闻一多的思想受五四精神及西方民主自由思潮的影响，他对当时旧中国的黑暗社会现状并没有表露出过多的失落和悲观。闻一多先生始终保持着向上乐观的精神，这在《红烛》这部作品中也有着深刻的体现，闻一多通常会以唯美主义和浪漫主义的双重表现手法，对一个又一个充满希望的理想社会进行构建，并认为抱有坚定且美好的理想、乐观且积极的心态才会使得生命的意义更加完整。比如，在这部诗集的《西岸》一篇中，闻一多通过寓言的形式，对东岸和西岸两个场景进行了描写，且这两个场景具有较强的极端性。闻一多先生描写东岸弥漫着痛苦、黑暗与虚荣，更缺乏真、善、美。这实则是一种比喻，以东岸喻示着当时中国政局的黑暗，以及社会的动荡不安。但即便如此，人们也从未失去希望。有一天，一个人来到东岸的岸边，并冲破了东岸的樊笼，突然对河对岸充满了幻想，这个人想，这明明就是一条河，岂会只有东岸却没有西岸？而闻一多先生笔下的这个西岸其实就是人们观念中对美好的向往与追求。

但是，这个人无意中发现河中心还有一个中心岛，且风景秀丽优美。这让这个人更加有理由相信，这个美丽的小岛又何尝不是西岸优美景象的缩影。至于最后西岸到底有什么，闻一多先生并没有多言，而是单纯对这个人敢于冲破桎梏，敢于追求美好生活的勇气进行了描写，这正是闻一多先生心目中伟大的人。

(二) 冲破羁绊，敢爱敢恨

闻一多的这部诗集《红烛》中体现出的爱是一种多层面、多角度的博大的爱，也处处充盈着无限的能量，洋溢着饱满的热情，而敢爱敢恨乃是这种能量与热情的最直接体现，同时是人们渴望冲破黑暗获得新生的一种不屈不挠的生命力量。

例如，在《国手》中，作者以棋盘对弈的形式，通过具有创新性的描述表达出迫切想要输给对方的渴望，这种表达方式的目的在于展现作者对恋人的忠贞，使人在阅读后耳目一新，同时会被这深情款款的爱的力量与忠诚所折服。

再如，在《初夏一夜底印象》中，作者通过一些冷峻的语言对战争带来的民不聊生进行了深度的刻画，如"贴在山腰下佝偻得可怕的老伯，拿着黑瘦的拳头硬和太空挑衅"。同时，作者还运用了一些严厉而直白的话语，对一些残忍凶暴、贪得无厌的盗贼进行了抨击，同时也展现了作者渴望新生的精神力量。

又如，在《烂果》中，作者以生动的笔触，对"烂果的心理"进行了描述，由于烂果的皮肉与灵魂均受到了禁锢，因此，其对自由与光明更加渴望。它迫切希望自己可以逃离，可以获得自由，这也充分刻画了烂果渴望冲破桎梏、渴望重获新生的心理状态。在咬破第一层监牢，以及第二层监牢也即将被咬破的时候，烂果的心理自然是喜不自禁的，作者运用了"笑眯眯"和"索性"两个生动形象的词语，展示了烂果对于重获新生的迫切，而这种对自由的极度渴望，以及迫切希望束缚被解除的心情，正是闻一多先生内心的映照，更是闻一多先生想要宣扬的人生精神。

(三) 直面死亡，感悟人生

闻一多先生在《红烛》这部诗集中直面死亡。闻一多先生认为，死亡实则是生命意义的延续与追寻。在《红烛》这部作品中，反思死亡的意识也是整部诗歌创作的核心内容，这种意识是在对生命意义不断探索的过程中衍生的。探寻死亡意识，使得生的意义又一次得到了升华与明确。从《红烛》这部作品中不难看出闻一多先生对死亡的思索涵盖以下两个方面：其一，死亡是一种艺术且极具美感；其二，死亡是生命的一种轮回与延续。

在创作诗歌的过程中，闻一多先生表示诗歌的创作应融入绘画美、建筑美、音乐美，并且他最重视的是艺术的美感及上述三种美的融合。闻一多先生在对死亡意识进行思索的同时，也对其中所蕴含的美感进行深度挖掘，将死亡演变为一种艺术终结，且这种终结极具神秘的美感。同时，这种审美观点与闻一多先生一贯秉承的唯美艺术主义特质具有异曲同工之妙。

在《剑匣》和《李白之死》中，闻一多先生以极其缥缈的气息和极为绚烂的语言，对骁将与李白这两个人的死亡进行了刻画，也表现了两位英雄在死亡之前的至美之景，并对二者对纯净至美的精神世界的向往进行了诠释，对他们为这个唯美的世界甘愿奉献一切的品质进行了歌颂。骁将鄙弃世俗，怀中拥着剑匣而亡；李白为骑鲸捉月，为捞水中之月而死。这两种死亡的方式都充满了强烈的艺术气息，读者不仅不会对死亡产生恐惧，反而会体会出一种朦胧之美和优雅恬静之感。

在《艺术底忠臣》与《死》中，闻一多先生也将艺术与死亡进行了有机融合，将自己的死亡作为一种对艺术进行永恒追求的形式，也表明他为了艺术甘愿将自己的一切奉献出来。诗人对艺术充满了永恒的热爱，这种朦胧而绚烂的艺术形式，表现出闻一多先生眼中死亡的价值与美丽。

若说死亡是一种艺术形式，那么从本质形态上进行分析，死亡应该与生存具有辩证关系，死的另一面就是生。在闻一多先生早期的作品中，通常以宗教的口吻对死亡的意识进行表达。在其生死观念中，他认为死亡与基督教的尊重个体、热爱生命的特点相关，并指出了人生的必然选择就是死亡，同时相信人的生死是一种往复循环，与自然界的关系是一致的，死后自会产生一种新的轮回。

在《红烛》中，闻一多描写了一支蜡烛，一直燃烧着的蜡烛，通过它追问生与死的意义。比如，"灰心流泪你的果，创造光明你的因"，从表面上看，红烛的一生无疑是悲惨的，但闻一多却并不这么认为，他觉得红烛在燃烧完自己后并不代表生命就此结束，而是从生命的光辉和永恒的角度去阐述红烛生命的意义。这也是个很简单，却让人很难理解的问题，虽然红烛肉体注定无法永生，但可以让红烛精神不朽，使其生命得以延续。作者对精神价值的追求，以及对肉体意义的淡化，也从侧面反映了作者的宗教思想观念，以及唯美主义思想。闻一多的这一番解释，使得生命有了更深刻的含义，也可见生与死并非一条单纯的线段，死亡代表着另一段生命的开始。

闻一多先生的理念是生命可以通过精神无限延续，并坚信生命会以另外一种方式重获新生。比如，李白为捞月而死，虽然肉身死亡，但心里的意念是"我已经返回天宫"。这也不难看出李白认为自己已经完成了在人间的使命，可以回到月宫中去恣意遨游。而在《烂果》中，当核甲和皮肉全部都被突破的时候，灵魂却笑眯眯地冲出桎梏，这何尝不是通过烂果的死亡才使得烂果的灵魂得以重生。这充分说明延续精神可以使生命不朽。

作为闻一多先生早年的作品，《红烛》表达了闻一多先生青年时期的人生观，也正是通过其中一篇篇的诗作，给后来的读者指明了一条通往光明的大道，激励青年发扬乐观主义斗争精神。

八、开展群文阅读教学的两个步骤

群文阅读，即将同一作者或者同一主题的文章组合到一起进行阅读，分析这些文章的主要内容、结构脉络、思想情感、写作手法等。开展群文阅读教学，不仅可以帮助学生增加阅读量，而且可以帮助他们掌握各种写作手法。下文是在语文教学中开展群文阅读教学的两个步骤。

（一）确定议题，挑选作品

在开展群文阅读教学之前，教师首先要确定一个议题。选好议题之后，教师需将相关的文章整合起来，从中找出适合高中生阅读的作品，并引导学生阅读。

例如，以"父母之爱"为议题，将老舍的《我的母亲》、胡适的《我的母亲》与朱自清的《背影》组合到一起，引导学生阅读，让他们找出文中描写人物形象的语段，分析这些文章中的人物各有何特点，探究作品的异同。

个性化阅读之后，教师可以和学生一起填写下面的表格（见表5-2、表5-3、表5-4）。

表5-2　阅读老舍的《我的母亲》

作品	《我的母亲》	作者	老舍	人物	母亲
身世	母亲的娘家是北平德胜门外，土城儿外边，通大钟寺的大路上的一个小村里。村里一共有四五家人家，都姓马。大家都种点不十分肥美的地——母亲生在农家，所以勤俭诚实，身体也好。……				
神态	当我由师范毕业，而被派为小学校校长，母亲与我都一夜不曾合眼。我只说了句："以后，您可以歇一歇了！"她的回答只有一串串的眼泪。				
动作	当花轿来到我们的破门外的时候，母亲的手就和冰一样的凉，脸上没有血色——那是阴历四月，天气很暖。大家都怕她晕过去。可是，她挣扎着，咬着嘴唇，手扶着门框，看花轿徐徐地走去。				
语言	除夕，我请了两个小时的假。由拥挤不堪的街市回到清炉冷灶的家中。母亲笑了。及至听说我还须回校，她愣住了。半天，她才叹出一口气来。到我该走的时候，她递给我一些花生，说道："去吧，小子！"				

表5-3　阅读胡适的《我的母亲》

作品	《我的母亲》	作者	胡适	人物	母亲
语言	有时候她对我说父亲的种种好处，她说："你总要踏上你老子的脚步。我一生只晓得这一个完全的人，你要学他，不要跌他的股。"				
行为	我母亲管束我最严，她是慈母兼严父。但她从来不在别人面前骂我一句，打我一下，我做错了事，她只对我一望，我看见了她的严厉眼光，就吓住了。犯的事小，她等到第二天早晨我睡醒时才教训我。				

表5-4　阅读朱自清的《背影》

作品	《背影》	作者	朱自清	人物	父亲
语言	到徐州见着父亲，看见满院狼藉的东西，又想起祖母，不禁簌簌地流下眼泪。父亲说："事已如此，不必难过，好在天无绝人之路！"				
衣着	他戴着黑布小帽，穿着黑布大马褂，深青布棉袍。				
动作	我看见他蹒跚地走到铁道边，慢慢探身下去，尚不大难。可是他穿过铁道，要爬上那边月台，就不容易了。他用两手攀着上面，两脚再向上缩；他肥胖的身子向左微倾，显出努力的样子。				
经历	他少年出外谋生，独力支持，做了许多大事，哪知老境却如此颓唐。				

在阅读的过程中，学生会发现不同的作家在描写人物时有不同的侧重点。老舍着重描述了"母亲"的身世、经历、性格及遭遇，描写了"母亲"的言行举止，突出了她的识大体、懂进退、刚柔相济；朱自清着重描写了"父亲"的语言和动作，表达了对"父亲"的思念之情。

（二）提出问题，完成目标

在群文阅读教学中，教师可以适时地提出一些问题，引导学生阅读文章，思考问题，培养能力，从而完成既定的教学目标。

例如，针对老舍的《我的母亲》、胡适的《我的母亲》与朱自清的《背影》这三篇文章，教师需引导学生在把握人物形象的基础上，探究作者刻画人物形象的方法，吸收知识，完成"以读促写"的目标。

具体来说，教师可以提出这样两个问题：这三篇文章各有何特点？大家能从中学到哪些写作经验？

我们可以让学生在小组内合作探究，寻找问题的答案。经过探究和讨论，学生给出了这样的答案：

"老舍在《我的母亲》中综合使用了叙述、抒情、描写、议论等多种表达方式。他用白描的手法写'母亲'的外貌、语言、动作等，使'母亲'的形象更加具体生动，让读者仿佛亲眼见到了他的母亲，感受到了母爱的无私与伟大。文章的语言凝练而隽永，富有哲理意味。"

"胡适在《我的母亲》中一共写了七件与'母亲'有关的小事，通过记叙这些感人的事件，突出了'母亲'的美好品质、生活习惯、教育孩子的方式等，表达了对她的深切怀念之情。整篇文章的语言朴素而清新，情感含蓄而蕴藉。"

"朱自清在《背影》中将叙事与抒情相结合，抒发了对'父亲'的思念之情，在文章的最后还采用追叙的方法使情感得以升华，非常巧妙。文章的语言清淡质朴，却蕴藏着深情。"

通过开展群文阅读教学，学生能从三篇写"父母之爱"的散文中积累写作的经验。之后，再遇到这类主题的文章，他们便可以运用所学知识去品鉴了。在课程的结尾，教师还可以鼓励他们利用课余时间以"父母之爱"为题写一篇文章，表达对母亲或父亲的感激之情。

总而言之，在开展群文阅读教学的过程中，教师要循序渐进，一步一步地引导学生阅读群文、品鉴群文，最大限度地发挥群文阅读的价值。

九、 问题导向下的项目式作文课堂教学实施——以运用思维可视化突破高三议论文写作瓶颈为例

运用思维可视化突破高三议论文写作瓶颈，一是时代对写作思维品质的要求，《中国高考评价体系》强调严谨的理性思维和丰富的感性思维；二是高中新课程标准对写作能力的要求，明确多角度横纵表达理解、思考和感悟；三是教育培养学生学科素养的要求，《中国教育现代化2035》重视发展核心素养。借助思维导图进行思维可视化作文教学，有助于学生突破高三议论文写作瓶颈，培育作文思维品质，构建作文高品质课堂。以图激思，读思理脉；以图促辨，看究厚品；以图深审，精准意蕴；以图循道，剥层就理。思维可视化作文教学，意义在于使繁乱的思绪清晰化、众多的素材条理化、模糊的观点鲜明化、复杂的脉络简明化、肤浅的思考深刻化，深化文化认同、价值认同，强化意识形态。

运用思维可视化突破高三议论文写作瓶颈，我们首先要对议论文作文教学进行深刻思考：深入分析新课程标准、中国高考评价体系中有哪些要求；教材是怎样体现这些要求的；学生在写作中存在哪些现象；面对这些现状我们该如何提升学生的写作能力，培养写作思维品质，实现作文课堂的高效性。

《中国高考评价体系》提出："通过自己的逻辑思辨，发表独立的、有创造性的看法；能够从多个视角观察、思考同一个问题；能够灵活地、创造性地运用不同方法，发散地、逆向地解决问题；能够通过敏锐的洞察力，发现复杂、新颖情境中的关键事实特征和有价值的新问题。"可见，高考作文重点考查思维能力。

高三学生作文考试，大部分学生处于42～46分，获高分的同学少，分值分布呈两头尖、中间宽的现状，主要的原因在于：一是高三学生已有一定的阅读积累量，但都零散地储存于大脑之中，没有归纳整理，不能内化为自己的素

材，考场上很难快速灵活运用，造成文章内容单薄空洞、说理肤浅；二是审题常常出现偏题现象，对题目材料只抓其一，不顾整体，对关键词的解读简单，不能抓住其本质内涵；三是观点缺乏启发性，没有深入思考，不能从现象中提炼哲理，揭示事物间内在的逻辑关系，原因分析不透彻；四是分析论证思维条理不清，文章架构不明，行文中不会强化扣题点、得分点，论证技巧单一，缺乏融会贯通、正反论证的能力。学生作文的这些问题都出在思维上，所以培育学生的思维能力很重要。

因此，写作教学一定要重视培养学生的逻辑思维、思辨能力，使学生有理有据地阐述观点，深入浅出地阐述论证，旁征博引，追根溯源，理性分析，提出的观点给人以启迪，体现自己独特的认识、思考与感悟，在问题分析论证中体现正确的价值观、道德观，深厚的家国情怀、责任担当意识、奋斗精神。写作教学中学会运用思维工具进行思维可视化，可以通过思维可视四步法，帮助高三学生突破议论文写作的瓶颈，在思维展示中深入认识、思考、领悟、探究，通过解读分析，概括归纳，分析判断，以提升学生的思维品质、写作能力、学科素养。

（一）以图激思，读思理脉

如何进行说理分析论证，首先要让学生多阅读文章，学习别人的说理方法，模仿别人的思路，懂得如何建构文章框架，怎样进行艺术性的推理，把握行文脉络，然后才放手自己来阐述论证，所以我们要引领学生多读，多思，以图激思，读思理脉。读时评，读经典作品，读优秀作文，灵活阅读，读中有思，思中促读，这样才能磨砺自己的思维，拓宽自己的视角。我们还可以通过赵国庆《思维工具综合应用》中提到的WHWM思考法使思维可视化，让无形的思维有形化，更好地深化文本思维路径，让学生获取行文的技巧，学习分析问题，思考问题、解决问题的方法策略，提高学生的逻辑思维能力。我们可以开分享会、大讲堂、大论坛、"你说我思"、"你分享我点评"，来展示和提升学生学习所得。

WHWM思考法，是从概括阅读文本观点、梳理论证思路、探究文本意图、思考文本价值四个方面进行思维可视化，从而培养学生的思维品质，让学生学会提问、关联性思考、批判性思考，培养学生的系统化思维。

如：〔2018·全国Ⅱ卷〕作文题

"二战"期间，为了加强对战机的防护，英美军方调查了作战后幸存飞机上弹痕的分布，决定哪里弹痕多就加强哪里。然而，统计学家沃德力排众议，指出更应该注意弹痕少的部位，因为这些部位受到重创的战机，很难有机会返航，而这部分数据被忽略了。事实证明，沃德是正确的。

优秀作文《受光天下照四方》，学生按是什么、为什么、怎么样、怎么办的思路画思维导图，如图5-7所示。

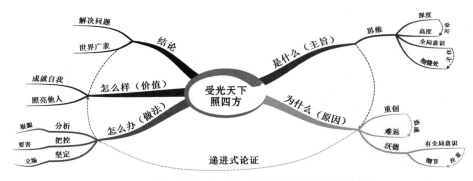

图5-7　重庆考生作文《受光天下照四方》思维导图

上面的思维导图是按文章的论证脉络画出来的，这种方法可以很好地展现文章的思维路径，让学生更好地学习作品论证的逻辑思维，但阅读者对文章的思考没有在思维导图中体现出来。要呈现审辨思维，作者与阅读者的思考，我们也可以运用WHWM思考法使思维可视化，可以很清晰地展示批判性思维路径，更好地培养学生的审辨思维，引领学生多角度、正反对比、深入浅出地阐述论证，进一步提升论证技能。

例如，通过阅读《拿来主义》学习驳论的方法，可以清晰地再现文章的观点，文章论证的行文框架，可视化论证的角度，论证的技巧，运用的论证方法，论据的选用和使用艺术，论证的思维路径，以及如何进行思辨性分析论证的。

利用WHWM思考法，呈现《拿来主义》驳论思维的可视化路径（见图5-8）：

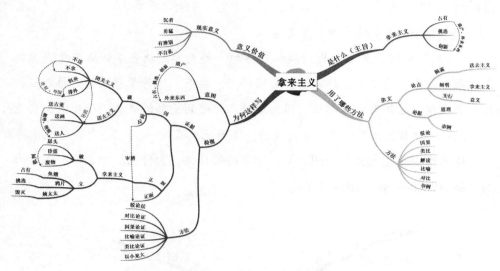

图5-8　鲁迅杂文《拿来主义》的思维导图

W，是什么，即文章的观点。拿来主义，批判地继承文化遗产和外来的东西，要占有、挑选、毁灭和创新。

H，即怎么做，用了哪些方法。选用的文体是杂文；论点揭露了送去主义，阐明拿来主义、实行拿来主义的意义；所用的论证方法有以小见大、驳论的方法、因果论证、概念解读、比喻论证、对比论证、类比论证、举例论证。

W，为何这样写，即意图。对文化遗产和外来的东西要占有、挑选、创新，运用大脑、放出眼光，自己来拿，或使用，或存放，或毁灭；在解释这样写的原因时，运用了因果推理，阐述原因。先破，破之一，指明闭关主义，不拿、不送、惧外，最后造成的结果是丧权辱国、割地赔款；破之二，送去主义，只送不拿，送古董、送画、送人，最后的结果是媚外、卖国、文化堕落、主权丧失、贻害子孙。后立，提出观点，主张拿来主义，而提出拿来主义这个观点前又采用了先破后立的方式。破，批评了三种态度：孱头——不敢接受，昏蛋——全盘否定，废物——全盘接受；然后立，提出自己的观点：拿来主义，要占有、挑选、毁灭、创新。环环相扣，层层推进。

M，意义价值。现实意义：沉着、勇猛、有辨别、不自私，没有拿来，人不能成为新人，没有拿来，文艺不能自成为新文艺；还可以展示学生自己的思考和对文章的看法。

用WHWM思考法进行思维可视化，使文章驳论的观点更清晰，路径鲜明，脉络分明，先破后立，先树靶子，批驳他人的观点，后立旗帜，亮出自己的观点，然后从三个角度论证了三个分论点：是怎样先破后立的？同时运用了哪些论证方法？如何运用这些论证方法？这些都能在思维导图中明确地呈现出来，一目了然，让学生轻松、清晰地学习到驳论的特点，更好地学以致用。用WHWM思考法，可以激起学生的写作欲望，以图激思，读思理脉，对学生议论文的写作起到了帮助和推动的作用，有助于学生更好地突破作文中的瓶颈，走向深度思维。

（二）以图促辨，看究厚品

写作教学要培养学生在情境中解决复杂问题的能力，提升学生的辨析、比较、批判性的思维能力，培养学生美好高尚的品行，厚植民族精神和家国情怀。我们可以选用新闻小视频为写作材料，通过引导学生对新闻现象进行比较辨析，以图促辨，用思维导图促进学生对现象本质的深入辨别、分析、比较、判断，分析其好与坏、利与弊、优与劣；通过看新闻、评新闻，客观全面公正的评价，激发内心的审美、赞誉、崇尚之感，或激起内心的鄙视、愤怒、摒弃之情，懂得分辨美好与丑恶、高尚与鄙陋、善良与邪恶，并在以后的人生途中，能够为社会的发展、国家的强盛而奋斗，为和谐社会而出力，同时培育学生的思辨能力和核心素养。

例如，学生观看2020年10月23日央视《新闻1+1》"不文明行为，靠什么制止"后，用思维导图展示分析论证的思维路径（见图5-9），从事件表象看清本质，学会分辨事物的好与坏，能够挖掘事物的根源，提出有启迪性的观点，明确可行性做法，倡导大家文明行事，学会立身处事，提升自身的修养。

展示思维可视路径：

是什么：道明自己的看法、思考与态度——概括视频不文明行为现象、简单分析现象、提出鲜明的观点——携文明同行，给生活以温度。

为什么：原因一，指出不文明行为的危害，指明高铁男子拒绝让行、轮椅老人翻护栏的危害；原因二，不文明行为受到道德与法律的谴责，失去生活的温度；原因三，不文明行为违背公德，影响公共秩序；原因四，不文明行为远离良知，引起纠纷，伤己损人。

怎么样：意义一，携文明同行，增强生活能力；意义二，携文明同行，为社会扬起和谐之声；意义三，携文明同行，为民族注入生命活力。

怎么办：提出"携文明同行，扬和谐之声"的具体的做法——加强文明行为的宣传教育，促进全体公民文明素质的提高，完善奖惩机制，道德规则法律化、规范化、可操作化。

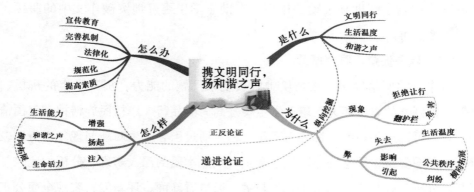

图5-9　"携文明同行，扬和谐之声"的思维导图

写作教学中，通过观看视频、时评，借助思维工具可以将论证的思维可视化，还可以高效地训练学生分论点的拟写能力，拓宽论证思维的角度，围绕观点多维度分析论证，以达到客观全面、理性深刻。

例如，观看《故事里的中国》2021年2月7日《青春之歌》、2020年11月7日《英雄儿女》、2020年10月2日《扶贫路上》，以这三个视频组合为材料，用解释、追问原因、追问做法、追问价值的方法分别拟写分论点，用思维导图的方式使思维可视化，这种方式便于学生辨析比较，在分析探究中拓宽思维，厚植情怀。

用追问法准确审题立意，根据立意拟写标题，如"唱响青春之歌"，接着用思维导图展示不同方法拟写的分论点，进行思维可视化，拓宽思维，严谨思维逻辑（见图5-10）。

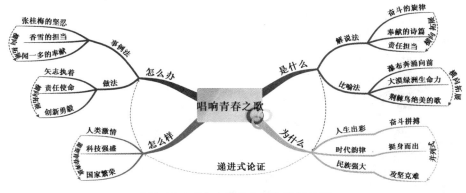

图5-10 "唱响青春之歌"思维导图

解说法：青春之歌是奋斗的旋律，青春之歌是奉献的诗篇，青春之歌是责任担当之荣光。

比喻法：青春之歌是高山中的瀑布，壮观奔涌向前；青春之歌是大漠中的绿洲，有旺盛的生命力；青春之歌是荆棘鸟，为世间唱出最动听的歌。同时，三个分论点又呈横向拓展。

原因法：因为人生的出彩需要奋斗的青春来唱响，因为时代的韵律需要挺身而出的青春来弹奏，因为民族的强大需要攻坚克难的青春来造就。

意义价值法：科技的强盛需要青春来唱响，国家的繁荣需要青春来建设，人类生命的激情需要青春来奔放。

事例法：唱响青春之歌，有张桂梅面对困难处境时的坚忍；唱响青春之歌，有香雪担当改变家乡落后面貌的胸怀抱负；唱响青春之歌，有闻一多先生甘愿燃烧自己、只求为国奉献的崇高品德。

做法：唱响青春之歌，用矢志执着书写人生的诗篇；唱响青春之歌，用奋斗书写新时代的青春篇章；唱响青春之歌，用创新合奏复兴中国的青春旋律。

（三）以图深审，精准意蕴

审题立意，用思维导图展示审题思维路径，可以避免学生审题断章取义，审读材料不全面，缺乏整体性。我们可以采用追问法画思维导图（见图5-11），一层一层，层层深入，精准意蕴，准确立意，紧扣作文得分点，攻破写作偏题的思维瓶颈。

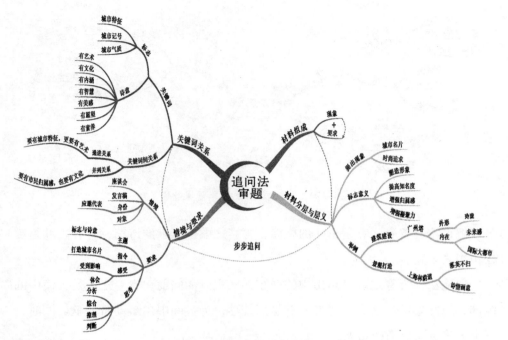

图5-11　"追问法审题"思维导图

例如，作文题：

打造城市名片，已成为城市发展的时尚和追求。城市名片可以塑造城市形象，提高城市知名度，进一步增强市民的归属感和城市凝聚力。有的城市重视地标建筑的建设，如广州塔，外形玲珑，未来感十足，向人们呈现广州向国际大都市发展的车辙，诉说向未来进发的决心；有的城市注重特色景观的打造，如上海首条实施"落英不扫"的林荫道——上海市杨浦区江湾城路，在钢筋水泥中营造出一方诗情画意。

我市在未来几年内也计划打造一张鲜明的城市名片，为此召开以"标志与诗意"为主题的座谈会，听取广大市民的意见。请结合你的感受和思考，以应邀代表的身份，写一篇发言稿。

要求：结合材料，选好角度，确定立意，明确文体，自拟标题；不得套作，不得抄袭；不得泄露个人信息；不少于800字。

以"标志与诗意"为主题，用追问法审题思维路径：

一是要思考题目材料的组成。其组成为单则事例材料+要求。

二是进行材料解读，分析材料可以分成几层，每层的内容是什么。本次作文材料分成三层：首先，提出有关名片的现象，城市名片的特征。其次，指出名片的意义，塑造城市形象，明确提高城市知名度，增强时代的归属感，增强城市的凝聚力。最后，思考列举了哪些事例来解说标志与诗意，第一个事例，重视地标建筑的建设，列举了广州塔，指出广州塔的特征，外形玲珑，内在具有未来感；第二个事例，注重景观的打造，列举了上海林荫道，落英不扫，营造诗情画意。

三是材料设置了怎样的情境、有何要求。情境：计划打造一张城市名片；为此召开座谈会，以应邀代表的身份写一篇发言稿；要求：主题"标志与诗意"，学生说感受、谈思考。

四是思考关键词之间是什么关系。首先要明确两个关键词各自的内涵：诗意指艺术性、有美感、有内涵、有生命的律动、有丰富的情感、体现智慧与思考、体现市民的愿望和素养；标志是城市特征的记号，是精神文化的象征、城市气质的象征。在此基础上厘清两者之间的关系。比如，可以是递进关系：标志要展示市民的归属感，更要有文化特质；标志不但体现城市的特征，还要有艺术魅力。

（四）以图循道，剥层就理

《普通高中语文课程标准（2017年版2020年修订版）》对写作的要求是："力求立论正确，语言准确，论据恰当，讲究逻辑。学习多角度思考问题，学习反驳，能够做到有理有据，以理服人。"新课标特别强调作文的逻辑思维、思辨思维，要求重视提升学生作文的思维品质。

采用思维导图能帮助学生在行文推理、分析论证中严谨思维，让分析论证推进有法、深入有路，层层深入、步步推进，有效解决概念、判断、推理等方面的实际问题，清晰地展现行文思维路径，让学生可以以图循道、剥层就理，由浅入深地思考、分析、说理，解读关键词，从现象中挖掘事物的本质，探究现象的原因，揭示事物间的内在逻辑关系，以追问式、疑问式步步深入，从而提升学生的辩证思维和批判性思维。

例如，前面提到的"标志与诗意"作文题，假如拟题为《特色名片的诗意内蕴》，我们可以这样展示其思维可视化路径（见图5-12）：一、是什么。先解读材料，分析材料，由表及里，然后提出观点——城市标志要代表城市特征，更要有诗意。二、为什么。为什么城市标志要有诗意？横向拓展：先分别解读标志、诗意两个关键概念。然后分析原因，城市名片要有城市的形象，更要有气质韵律；城市名片要有市民的归属感，更要有凝聚力；城市名片要有百姓的追求，更要有文化艺术内涵。三、怎么样。如果标志没有体现诗意会怎么样？从反面分析：标志只有形象没有艺术，就会失去城市的生命力；标志只有城市的特征没有精神，就会失去城市的魅力；标志只有市民的愿景没有文化，就会失去城市的厚度。"为什么"和"怎么样"间又呈正反论证的关系。四、怎么办。怎么做城市标志才能体现城市特征又蕴含诗意？外形与精神并存，追求与诗意同在，发展与气质并举。

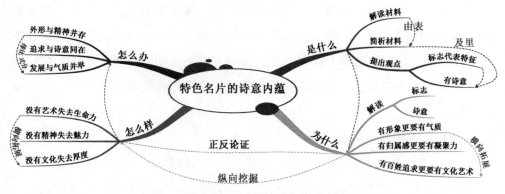

图5-12　"特色名片的诗意内蕴"思维导图

高三议论文写作教学借助思维导图进行思维可视化，灵活运用思维可视四步法，突破议论文写作瓶颈，打破困境，有效地培育学生写作思维品质，构建写作高品质课堂。通过思维可视化，"让学生学会提问，关联性思考，系统化思维，批判性思考"。在分析探究中让学生拓宽思维，学会多角度思考问题，讲究逻辑，有理有据，以理服人，厚植情怀，培育价值认同感，强化意识形态。

"以图循道，剥层就理"学生作品：

1. 文题展示

阅读下面的材料，根据要求写作。

1916年，陈独秀在《新青年》一文中号召青年做"斩尽涤绝做官发财思想，内图个性之发展，外图贡献于其群"的新青年。

1919年，毛泽东在《湘江评论》上大声疾呼："天下者，我们的天下；国家者，我们的国家；社会者，我们的社会。我们不说，谁说？我们不干，谁干？"

如今，习近平总书记寄语新时代的我们，要走出孤芳自赏的狭小天地，在祖国的万里长空放飞青春梦想，努力成为担当民族复兴大任的时代新人。伟人的话语激励不同时代的青年，要大胆打破陋习，摆脱束缚，勇敢更新自我，张扬个性，成为有益于国家民族的"新青年"。

校团委举行"新青年，敢不同"的主题征文活动。请结合上述材料写一篇文章，说说你的感受与思考。

要求：选好角度，确定立意，自拟标题；不要套作，不得抄袭；不得泄露个人信息；不少于800字。

学生对作文材料进行审题立意和行文构思，以思维导图的形式展示思考的路径，将思维可视化。学生作品如下：

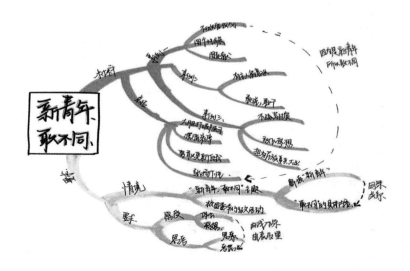

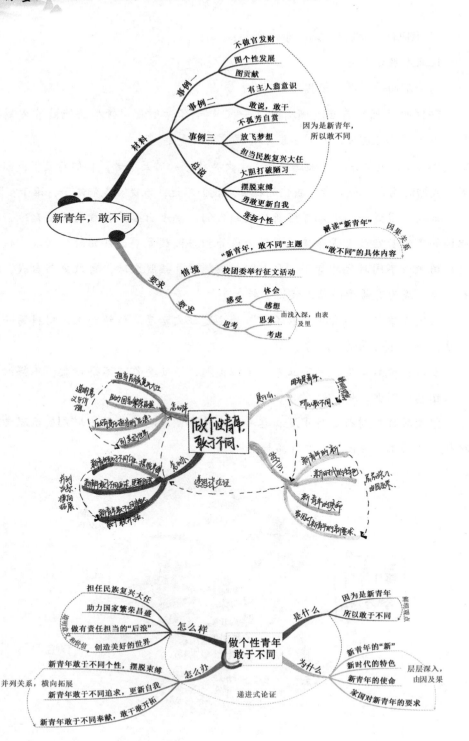

2. 学生原文

做时代新青年，敢于不同

——"新青年，敢不同"主题征文活动

广东省佛山市顺德区罗定邦中学高三（13）班　黄同学

百年前，毛泽东主席曾言："天下者，我们的天下；国家者，我们的国家；社会者，我们的社会，我们不说，谁说？我们不干，谁干？"新青年发变革之先声，以不同之思想，挽人民于水深火热中；百年后，习近平总书记寄语新时代的我们，要走出孤芳自赏的狭小天地，心向民族复兴大业。吾辈应拥有新志向，勇做时代新青年，敢于不同。

新青年，其新在于个性之新，志向之新，观念之新，思想之新，敢说，敢做，敢当，敢于奉献，敢于担当，敢于摒弃陋习，摆脱束缚，不惧世俗，担起民族伟大复兴之使命。

做时代新青年，敢于不同个性。所谓新青年，就是在国家需要时，挺身而出，去发挥青年的勇气，与时代共舞。每个时代发展的道路都是曲折的，拥有敢拼的勇气，我们才能在逆境之中重生。如陈独秀所言，"斩尽涤绝做官发财思想"，破守旧之顽疾，除腐朽之弊病，缔造新中国。回望历史，中国的战场上都是敢拼之青年，黄继光砥砺前行，用身躯堵住敌人的枪口；展望今朝，中国女排的一次次突破，都是一朵朵玫瑰历经荆棘后的铿锵。新青年，就是敢拼敢闯，敢于有不同个性。

做时代新青年，敢于存不同思想。"光子芯片"极为执着的"追光的人"沈亦晨，研制世界上第一台可以商用的光子计算机；15岁读大学、19岁获得世界级论文大奖的申怡飞，成为中国5G技术最年轻的核心研发人员；用自己研发的核心技术，震惊了整个科研界的刘明侦，以毕业设计第一名的成绩，获得英国剑桥大学硕士学位……他们敢于存不同思想，为民族复兴而奋斗。中国的国棋选手柯杰，在国际上创造了许多世界纪录，也曾打败过人工智能阿尔法狗，把中国围棋带到了另一个高度。在华为5G团队里，有多少年轻人在背后日夜奋战。只有敢于存不同思想，我们才能有更美好的未来。新时代青年，敢于不同。

做时代新青年，敢于担不同责任。李大钊曾说："今日之责任，不在于他人，而全在我少年。"时代的重任已在我们肩上，而青年，必须要有担起它的责任。新冠疫情期间，志愿者中有无数年轻的身影。党员黄文秀一心投入国家的扶贫攻坚任务之中，帮助许多地方脱离贫困，自己却在一次意外之中牺牲。若没有肩负时代的责任和使命，国家哪来的强大？新时代青年，敢于不同。

时代的脚步在不断前进，而中国也逐渐在世界中有了与其他国家拼闯的底气。在这浪潮中，新青年，必敢不同。俱往矣，新青年助中国走上正道；看今朝，新青年踏上民族复兴之征途。不同时代，青年皆新。新时代的我们，也必将以不同之姿态，引领独属于我们的风华。新青年，必敢不同。

3. 案例分析

黄同学在开学初作文成绩处于40分左右，审题常常出现偏题现象，立意不准确，对概念的理解不够精确，文章结构不太明晰，观点不鲜明，分类点间常常有交叉或包含关系，界限不分明，思维相对单一。经过一个学期的思维可视化写作思维训练，作文可以达到46～52分，可见思维可视化作文教学对学生写作能力的提升还是很有效的。经过系统性的训练，很大一部分学生审题准确，立意深远，材料丰富，能够灵活运用组材、析例的方法，多角度多层面分析论证，理性思辨，横向拓展，纵深分析，结构形态明晰，观点给人以启迪，论证更有深度和广度。学生具有剥层就理的意识，对概念的解读更加精准，能够从事物的表象看到问题的本质，揭示事物间的内在因果关系，很好地体现学生的思考与感悟，文章思想深刻、意蕴深远。

黄同学这篇作文，对作文题目材料的理解和解读准确，扣紧了"新青年"与"敢不同"两个关键词，解读了"新青年"其"新"的特点，强调了"敢"的情感色彩，体现了"新青年"与"敢不同"之间的关系，明确两者之间的关系——因果关系：因为是新青年，所以敢不同。文章结构严谨，思维清晰，观点鲜明。文章从三个角度分析论证，强化为什么说新青年敢于不同。一是做时代新青年，敢于有不同个性；二是做时代新青年，敢于存不同思想；三是做时代新青年，敢于担不同责任。多层面分析，横向拓展，体现其广度，同时由浅入深进行分析，纵向挖掘，体现了其深度。能够围绕中心选取典型材料，材料丰富，内容充实，立意深远，体现该生美好的品行——作为新青年的责任担当意识，以国为重，以民为重的思想，同时体现了学生的思维能力与思维品质。

（五）缘事就理，寻果追因

1. 文题亮相

阅读下面的材料，根据要求写作。（60分）

近日，四川某地的李大爷为了看病，和老伴转了好几趟车终于赶到某知名医院，却被告知医院为节约成本、提高效率已取消了现场挂号服务，就医需要"网上预约"。这对许多年轻人来说易如反掌，对于老年人却是难事，取消现场挂号让"慢一拍"的一些老人求医问药很是受阻。在"快一拍"的信息化、智能化社会中，有很多事情让"慢一拍"的群体只能"望网兴叹"。

针对这种现象，你有怎样的感悟和思考？请结合材料内容及含义写一篇文章。

要求：选准角度，确定立意，明确文体，自拟标题；不要套作，不得抄袭；不得泄露个人信息；不少于800字。

2. 思路引擎

这是一则新闻类材料作文，也是任务驱动型作文。试题体现了立德树人的核心素养。

材料分为三部分：一是情境，二是议论，三是要求（见图5-13）。

（1）解读材料含义

① 明情境，概括新闻事件：按某人+某事+怎样的方式概括事件。事件：李大爷不会网上预约，就医受阻。

② 寻果追因：果——李大爷就医受阻；因——智能社会下，李大爷不会网上预约。

③ 据议论内容明确事件的矛盾："快一拍"与"慢一拍"的矛盾。

④ 缘事就理，明确事件内在因果关系：因为在智能社会下，为提高工作效率，方便百姓，工作信息化，医院推出看病网上预约平台，导致李大爷这样的"慢一拍"群体出现就医受阻现象。

⑤ 揭示问题所在：在"快一拍"的信息化、智能化社会中，如何解决"慢一拍"群体的问题。

⑥ 解决问题：明确"快一拍"与"慢一拍"的关系，亮明观点。

递进关系：要"快一拍"，更要兼顾"慢一拍"。

并列关系：既要"快一拍"，也要扶助"慢一拍"；有速度，也要有温度。

条件关系：只有帮扶"慢一拍"，"快一拍"才精彩；只有快慢互补，社会才能和谐。

（2）解读题目要求

① "针对这种现象"，"这种现象"指在智能社会下，"快一拍"的社会中，出现"慢一拍"人群跟不上的现象。

② 你有怎样的感悟与思考。

a. 感悟：有所感触而领悟。感触，在快节奏智能社会中，出现"慢一拍"人群，使"慢一拍"人群出现生活困难，老年人求医难、就医无助。领悟，在推进智能技术的前提下，要帮扶"慢一拍"人群。

b. 思考：通过分析、综合、推理、判断，缘事就理，寻果析因，指明矛盾征结，揭示事物间内在因果关系，提出合理的解决问题的方法。

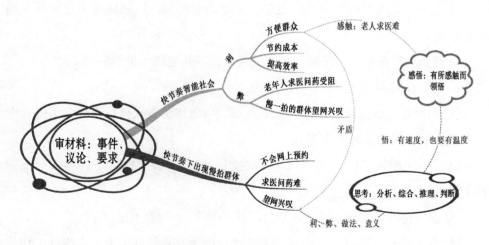

图5-13 作文审材料思维导图

你有怎样的感悟和思考？就是对信息化社会智能技术下的快节奏与老人应对时出现的"慢一拍"现象产生的矛盾进行原因分析、综合、判断，要求能够多角度地理性分析论证，提出解决材料中的矛盾的可行性办法，明确具有启发性的观点。

（3）明确身份对象，传递正能量

"针对这种现象，你有怎样的感悟和思考？"强调应体现写作者正确的家国精神和社会价值观。

（4）明确写作任务

写作任务：针对在快速发展的智能社会下，老年人不会网上预约、就医难的现象，你有怎样的感触与领悟；对这种矛盾，你怎么分析、判断、推理，能提出哪些建议。

为完成写作任务，写作前进行如下思维：

① 明情境。

② 究矛盾。

③ 析原因。

④ 理关系。

⑤ 论道理。

（5）用思维导图构思

可以用追问式画出思维导图（见图5-14），深化思维，让文章构思有深度，如对智能社会下的"慢一拍"现象，你的看法是什么？为什么在智能社会下要兼顾"慢一拍"群体，帮扶"慢一拍"群体有怎样的意义与价值？高速发展的智能社会中怎么做才能做到兼顾"慢一拍"群体？这样由浅入深、多角度、层层深入地分析论证。

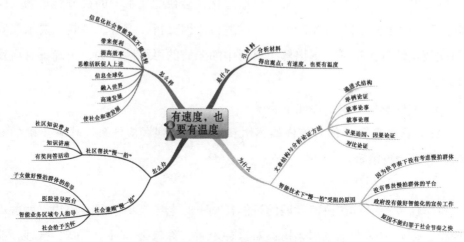

图5-14　"有速度，也要有温度"思维导图

3.原文在线

调整节奏，兼顾"慢一拍"

在"快一拍"的信息化、智能化社会中，有很多事情让"慢一拍"的群体只能"望网兴叹"。例如，材料中的李大爷因医院取消现场挂号服务而看病受阻。对此，我认为，合理调整节奏，兼顾"慢一拍"。（能够引材料析材料，从分析中得出观点，但观点扣题不够严谨）

不同的群体有着不同的需求。对于年轻人，立足"快一拍"社会易如反掌；而"慢一拍"群体在处理事情时很是受阻。如今，消费时，人们的支付方式大多以微信、支付宝扫码为主，有些商家只提供扫码支付方式，不支持现金支付，使"慢一拍"群体因不会支付而购物受阻。群体不同，对社会服务相应的需要也不同。考虑到各群体的差异性，完善"节奏问题"很有必要。（分析只照顾了"快一拍"，没有顾及"慢一拍"的现象、"慢一拍"出现的原因，没有就事论事，揭示事物间内部的因果关系）

走近"慢一拍"群体，倾听他们的心声，对于特殊群体，应兼顾他们的想法。路上的盲道、立交桥的缓斜坡等，这些设计是对残障人士的理解、照顾与关怀。公交车上的老、幼、病、残、孕等特殊群体专座是文明时代的礼让。生

活中各种贴心的设计是人性化社会服务的体现。尝试"慢一拍",去倾听他们的心声,这个世界因这样的温暖而往希望之路前行。(选取的论据不在信息智能内,缺乏针对性)

尝试革新,灵活变通。"慢一拍"群体也在逐渐跟随"快一拍"社会的节奏。例如,社区可利用周末、节假日等时间,开展新时代智能技术教育的普及,可选择以知识讲座、有奖问答等人们喜闻乐见的方式普及知识。再如,新冠疫情期间,结合老人等"慢一拍"群体的特征,医院开通健康码老人现场办理的通道,使更多人受惠。诸如此类,变法革新,使群众接受社会服务的效果更显著。(提出的做法具有可行性)

对此,结合不同群体的不同需求,倾听"慢一拍"群体的心声,通过灵活处理、创新途径等形式来合理调整节奏,兼顾"慢一拍"群体。

在"快一拍"的信息化、智能化社会中,国家可制定相关法规,保障"慢一拍"群体的合法权益,社会也可以在生产生活中完善相关基础公众设施与服务;个人可从自身做起,从小事做起,提出合理的建议,针对社会现状出谋划策,贡献自己的一份力量。(文章第三、四、五、六自然段都属于怎么办,做法条理不够清晰,顺序不当,分类界限不明)

时代在飞速发展,在变幻无穷的当下,我们应明晰内心,坚守以人为本的初心。请放缓一下脚步吧!等一等"慢一拍"的人,真正让每个个体都受惠,是社会进步发展的目标。调整节奏,兼顾"慢一拍"群体。(结尾能够回扣观点,使观点鲜明,但观点扣题不严谨)

4. 问题诊断

这篇文章能够分析材料,指出问题,得出结论,结构合理,采用"是什么—为什么—怎么办—总结全文"的递进式结构行文,思维明晰,属于二类文。文章还是存在一些问题:一是没有明确"快一拍"与"慢一拍"的关系,造成观点"放慢脚步,等一等'慢一拍'群体"没有扣紧题目材料;二是段落顺序不当,造成逻辑不严谨;三是对兼顾"慢一拍"群体的原因分析过于简单,没有揭示事物间内在的因果关系,使文章分析肤浅,论证不充分;四是没有多角度分析论证,体现思辨性,语言不够精练。

本文的升格重点要解决以下三个问题：一是紧扣材料明确智能社会下"快一拍"与"慢一拍"的关系，解决顾此失彼的问题，使观点切题；二是深化原因分析，丰富论据，缘事就理，寻果析因，指明事物内在的因果关系，解决文章论证内容简单、分析肤浅、缺乏深度的问题；三是增加一分为二客观理性、思辨论证的技巧，解决思维单一、逻辑不严谨的问题。

5. 化蝶之作

智能社会，兼顾"慢一拍"

在"快一拍"的信息化、智能化社会中，在很多事情上让"慢一拍"的群体只能"望网兴叹"。例如，材料中的李大爷因医院取消现场挂号服务而就医受阻。对此，我认为，在快节奏的智能社会下，我们要兼顾"慢一拍"群体。

"慢一拍"群体遭遇困扰，是因没有帮扶"慢一拍"群体。李大爷因不会网上预约，造成就医受阻，影响了治病时间。此现象出现的根本原因，在于没有做好网上预约宣传工作，也没有人教李大爷如何网上预约。智能技术能够提高办事效率，给人们的生活带来很多便利，但同时没有对李大爷这类对智能技术陌生的"慢一拍"群体进行帮扶，因而给"慢一拍"群体带来了困扰。智能技术困扰"慢一拍"群体的不单是就医难，还有商店购物扫码结账、网上交易、刷卡乘车，旅游找食宿，银行办卡或存取，等等，这些智能化现象对于立足于"快一拍"社会的年轻人来说易如反掌，而对"慢一拍"群体却有很多的不便。群体不同，对社会服务相应的需求也不同，快慢就形成了矛盾。

"慢一拍"群体遭遇困扰，不能归罪于生活节奏之快。"慢一拍"群体在现代化社会中被困扰的原因有很多，如自身没有主动学习，没有向人请教，政府没有做好宣传和培训工作，等等。信息化、智能化是社会发展的趋势，不可逆转。北斗导航，5G速度，长征五号B运载火箭首飞成功，嫦娥五号发射成功，一箭三星发射成功，中国量子计算原型机"九章"问世，天问一号探测器传回地月合影，中国火星探测任务正式启航，"奋斗者"号成功完成万米海试，谷神星一号商业火箭首飞成功，自动化码头，云办公等，这些先进技术、大国重器，都离不开信息化智能技术。所以，对于"慢一拍"群体被智能化困扰的现象，只一味地强调放慢甚至停止智能技术的发展，这是很不明智的做法。智能技术是国家发展的强大支柱，对国家的繁荣昌盛有着重要的意义与价值。

要使社会和谐发展，人民幸福快乐生活，我们就要积极地解决这个矛盾，让智能技术真正走进百姓生活，造福人类。

尝试革新，灵活变通。为使"慢一拍"群体也能跟随"快一拍"的社会步伐，社区可利用周末、节假日等时间，开展新时代智能技术教育的普及，可选择以知识讲座、有奖问答等人们喜闻乐见的方式教授知识，普及基层；新冠疫情期间，结合老人等"慢一拍"群体的特征，医院开通健康码老人现场办理的通道，使更多人受惠。诸如此类，变法革新，使群众接受社会服务的效果更显著。

在"快一拍"的信息化、智能化社会中，个人可从自身做起，帮助家中的老人学习智能技术，也可向相关部门提出合理的建议，针对社会现状出谋划策，贡献自己的一份力量；社会可以在生产生活中完善相关平台与服务；国家可以制定相关法规，保障"慢一拍"群体的合法权益。这样，百姓有序，社会和谐，就会促进国家的繁荣昌盛。

时代在飞速发展，在变幻无穷的当下，我们应明晰内心，坚守以人为本的初心，多多帮扶"慢一拍"群体，真正做到全民受惠，这也是社会进步发展的标志。智能社会，让我们一起兼顾"慢一拍"群体。